姓名与中國文化

赵瑞民　著

中央编译出版社
Central Compilation & Translation Press

图书在版编目（CIP）数据

姓名与中国文化 / 赵瑞民著 . —北京：中央编译出版社，2016.3
ISBN 978-7-5117-2921-7

Ⅰ . ①姓…
Ⅱ . ①赵…
Ⅲ . ①姓氏—文化—中国—通俗读物
Ⅳ . ① K810.2-49

中国版本图书馆 CIP 数据核字（2015）第 317845 号

姓名与中国文化

出 版 人：刘明清
出版统筹：董　巍
策划编辑：黄海明
责任编辑：呼延华
特邀编辑：党明放
责任印制：尹　珺
出版发行：中央编译出版社
地　　址：北京西城区车公庄大街乙 5 号鸿儒大厦 B 座（100044）
电　　话：（010）52612345（总编室）　（010）52612313（编辑室）
（010）52612316（发行部）　（010）52612317（网络销售）
（010）52612346（馆配部）　（010）55626985（读者服务部）
传　　真：（010）66515838
经　　销：全国新华书店
印　　刷：三河市京兰印务有限公司
开　　本：650 毫米 ×970 毫米　1/16
字　　数：142 千字
印　　张：16
版　　次：2016 年 3 月第 1 版第 1 次印刷
定　　价：29.80 元

网　　址：www.cctphome.com　邮　　箱：cctp@cctphome.com
新浪微博：@ 中央编译出版社　微　　信：中央编译出版社（ID:cctphome）
淘宝店铺：中央编译出版社直销店（http://shop108367160.taobao.com）（010）52612349

目　录

第三章　名字的文化内涵

小　引

曾在一份小报上看到这样一则消息：

新加坡第二副总理王鼎昌提出一个疑问："孔子姓孔，孔子的父亲却为何姓梁？中国曲阜还建有一梁公庙祭拜他？"1987年12月29日，来自中国国务委员兼中国孔子基金会名誉会长谷牧的一封信，解开了这个谜。原来，古代中国姓氏非常复杂，最早与图腾有关，夏、商、周三代以后，"以地望明贵贱"，姓氏常与地名相连，很不稳定。到了汉朝，汉人姓氏才趋向稳定。

至于孔子的父亲，通称梁叔纥，史书也简称纥、叔梁、梁纥。其实"叔"字是古人兄弟排行的次序，"梁"是地望，"纥"才是其名。所以如果除去排行、地望而加"孔"姓，即为孔纥。

《史记》也曾记载，孔子的先人，始称孔防叔，后简称防叔而省去孔姓。他的后代伯夏、叔梁纥，皆是省去孔姓的简称。可见叔梁纥，姓孔名纥，叔梁纥只是传统的习惯称谓。

由此可见，孔子的父亲，确是姓孔，而非姓梁。

(《报刊文摘》1988.1.12 摘自新加坡《联合早报》)

这则消息的标题是《孔子之父姓梁姓孔？——谷牧答客问》，真够堂而皇之，古今名人罗列在一起，确实醒目，但它的可靠性却要大打折扣。稍有历史文化常识的人都知道，先秦时，男子称氏不称姓，我们可以断然说，叔梁纥既不姓梁，也不姓孔，而且在那个时候还没有“孔”这个姓。孔子的祖上是宋国的贵族，源出殷商王族，为子姓，《世本》所载世系十分清楚。所以，我们对这则报道的可靠性要提出疑问，其内容极可能是出于传闻。

但是，这样一则报道又告诉我们，在中国文化影响所及的地区，姓氏及其背景知识是许多人感兴趣的问题。也就是说，姓氏与文化的关系十分密切。只有对社会历史文化的大背景有所了解，才能对姓氏有深切的理解；而以姓氏为起点，深入探讨，对于把握中国传统文化的精神则不无助益。在历史上，姓氏并不仅仅是血统的标志、家族的徽章，它曾经与社会的等级结构紧紧地缠缚在一起，又突出地表现出门第思想、宗法观念，还激发了人们的民族意识，并且是民族融合的表征。在中华民族的大家庭里，姓氏是联系的纽带；在中华文化的氛围中，姓氏又是认同的基因。循着历史发展的轨迹，探讨姓氏的文化底蕴，是本书第一部分的内容。

后面的几个部分，是有关名字的内容。

每个人都有名字，说来比较简单，各自的含义也都了然于胸，无需张扬。但对别人的名字呢？就不大好说了，其中的深意很难知晓。就以我们的大文豪鲁迅为例吧：

鲁迅原名周樟寿，是他的祖父介孚公给他所取的，他生于前清光绪辛巳八月初三日。即公元 1881 年 9 月 25 日。那时介孚公在北京当“京官”，在接到家信的那一日，适值有什么客人来访，便拿那人的姓来做名字，大概取个吉利的兆头，因为那些来客反正是什么官员，即使是穷翰林也罢，总是有功名的。不知道那天的客人是“张”什么，总之鲁迅的小名定为阿张，随后再找同音异义的字取作“书名”，乃是樟寿二字，号曰“豫山”，取义于豫章。后来鲁迅上书房去，同学们取笑他，叫他作“雨伞”，他听了不喜欢，请祖父改定，介孚公乃将“山”字去掉，改为“豫才”，有人加上木旁写作“豫材”，其实是不对的。

到了戊戌（1898）年，鲁迅是 18 岁的时候，要往南京去进学堂，这时改名为周树人。（周启明《鲁迅的青年时代》）

鲁迅在改名周树人之前，他的名字还有这么多曲折，若不是他的胞弟（周启明即周作人）告诉我们，恐怕就无人得知了。他们的祖父介孚公（周福清）为孙辈取名，都是借当日来访客人的姓氏，这是他自己的一定之规。周作人原名櫆寿，自述“阿魁则是我的小名，因为当日接到家信的时候，有一个姓魁的京官去访他，所以就拿来做了小名，这是他给孙子们起名字的一个定例”（《知堂回想录》）。

为什么介孚公会有这样的定例？取有功名的客人作吉利的兆头，只是比较明显的用意。这位介孚公曾经中过进士，点过翰林，对于儒家经典不消说是烂熟于胸了。《左传》中关于命名的五种格式，其中有“取于物为假”一类，就是无论什么人物、事物，都可采用“拿来主义”，假借为名；对“取于物为假”这种格式，历来都是用孔圣人家的故事做解释，说孔子的儿子降生时，适逢有人送来鲤鱼，孔子就借此为名，给儿子起名为鲤，字伯鱼。介孚公给孙子起名字的办法脱胎于此，至为清楚。

通过这样一个例子就不难看出，名字反映了两个方面的内容，一是心理的，一是文化的。命名者的心理因素如好尚、愿望、期许等，总是特定社会价值取向的反映，说到底，还是一个文化的问题。

但是，像鲁迅名字这样详尽的资料，为数并不多，因此我们很难进行周密的个案研究，然后归纳出有说服力的结论。另外，人名所包含内容的庞杂，也就是说它的多样化程度，是一般文化现象中少有的，人们命名的自由度，古往今来都相当大，最少限制。这无疑增加了探索人名文化内涵的难度，不过也有它有利的方面，这众多的人名恰似一份社会问卷的答案，来源之广，绝无仅有，没有程式的限定，而且都以认真负责的态度道出了自己的真实想法。我们从这份其大无比的答卷中，会看到一个个比较集中的意向群。分析这些群落的文化内涵，既可以不依赖单个名字的个体背景资料，又能够发现同时期的一般倾向和不同时期的共同倾向，这都是明白无误的价值取向，它表现的文化观虽然没有系统性，然而是真实的历史存在。

我们尝试利用人名的资料来充实文化史研究的内容，尽量吸收现有的人名学研究成果，以期较少失误；也从文化史的广阔视角来考察人名，希望比一般的人名学研究深入一步。

“千里之行，始于足下”，就让我们从“百家姓”说起。

第一章

古文化孕育出的百家姓

宋朝出现了一本《百家姓》，历代童蒙习诵，可以说是家喻户晓，成为人们最起码的文化知识，虽然现在已不是儿童读物，但它的普及程度仍然比得上任何一本流行小说，在我国各个阶层人们的知识结构中都占据了一小块地盘。蕴集在《百家姓》中的文化内涵时时影响着人们的言行，而又不易察觉。反观我国古老文化所孕育出的百家姓，解剖其中的文化内涵，或许会使我们在进行观念的改革时有所受益。

一

姓氏的起源及其与古代社会结构的关系

姓氏在今天已是一个统一的概念，我们最常见的用法是“以姓氏笔画为序”，姓与氏并无区别。但稍有古代史常识的人都知道，先秦时期姓与氏是严格区分的。这样一个关于姓氏知识最基本的问题，与当时的社会结构有着密切的联系，其他问题也是如此。

图腾崇拜的产物

《史记·五帝本纪》记载：“炎帝欲侵陵诸侯，诸侯咸归轩辕（即黄帝）。轩辕乃修德振兵，治五气，艺五种，抚万民，度四方，教熊罴貔貅貙虎，以与炎帝战于阪泉之野。三战，然后得其志。”按字面来理解，这无疑是一个骇人听闻的故事，黄帝在阪泉之野与炎帝开战，竟率领着熊罴、貔貅、貙虎等猛兽冲锋陷阵。莫非黄帝是神人，能够用神力控制兽群？莫非黄帝专会驯兽，是马戏团驯兽师的祖师爷？古代学者不这样理解，他们认为是“教士卒习战，以猛兽之名名之，用威敌也”（司马贞《史记索隐》）。给军队用猛兽命名，用来吓唬敌人。但晚近的史学界从欧美借鉴了新理论，对此又有一种解读。

18世纪，人类学家在北美发现了印第安人的图腾崇拜。图腾一词，是北美印第安人奥基华斯部落的语言，表示氏族的徽号或标志。生活在那里的人们认为图腾是氏族的祖先和保护神，因此，这是该氏族成员共有的特殊标记。如此，图腾标记正好表明同氏族内成员之间的血缘联系，与我们现在关于姓氏的概念基本相同。信仰图腾的人们认为，每个氏族都起源于某种动物、植物或无生物，如北美易洛魁人的氏族都以动物命名，如塞内卡部的狼氏、熊氏、龟氏、海狸氏、鹿氏、鹬氏、苍鹭氏、鹰氏，卡尤加部的狼氏、熊氏、龟氏、海狸氏、鹿氏、鹬氏、鳗氏、鹰氏……（摩尔根《古代社会》）其为图腾是崇尚动物，氏族即以动物命名。氏族名称的图腾标志将要演变为姓氏的趋向十分明显。

借鉴对印第安人图腾崇拜的研究，学者大都认为在原始社会时期，在我国境内生活的先民也有过图腾崇拜的习俗。《史记》中黄帝所率领的熊罴、貔貅、貙虎等，很可能即是传说中保留下来的氏族图腾的遗存。人们又记起了黄帝还被称为有熊氏，舜的祖父叫蟜牛，诸侯称有蟜氏等各式各样的传说，另外，在儒家经典、先秦史籍中也找到了图腾崇拜的痕迹，如《左传·昭公十七年》载“大皞氏以龙纪，故为龙师而龙名”，是叙述了一个以龙为图腾的氏族；“我高祖少皞挚之立也，凤鸟适至，故纪于鸟，为鸟师而鸟名”，又是一个以鸟为图腾的氏族。《尚书·皋陶谟》有“凤凰来仪”、“百兽率舞”的说法，理解为许多以鸟兽为图腾的氏族共同拥戴舜为首领，在音乐声中欢歌舞蹈，所谓“鸟兽跄跄”，似乎才合情合理。《诗经·玄鸟》：“天命玄鸟，降而生商。”商王族以玄鸟为图腾，说明了他们认为玄鸟是自己的始祖。《国语·周语》载“我姬氏出自天鼋”，表明周王族的图腾是鼋。商周两代王族的图腾崇拜和我国少数民族有关图腾的传说很相似。“云南西双版纳傣族在《召怯龙慕钪》传说中，认为召怯龙为人身龙尾，他用尾巴把人们卷进龙朗洞中，只剩下兄妹二人，彼此通婚，才生育了傣族。”“傈僳族以虎、蜂、鼠、熊、猴、羊、竹、荞和霜为图腾。其中，关于虎图腾有一个传说：有一个姑娘上山砍柴，途中遇虎，虎变为美男子，二人通婚，生育了虎氏族。故有‘虎不害人’之说。”（宋兆麟等《中国原始社会史》）

古代关于伏羲、女娲人首蛇身形象的传说，简狄吞卵、姜嫄履迹等关于氏族起源的故事，都能使我们联想到古代的图腾崇拜。

新中国成立后考古事业的发展，使我们看到了许多图腾崇拜遗物，虽然与古史和传说不大吻合，但更可以使我们言之凿凿。西安半坡遗址和临潼姜寨遗址出土的彩陶盆上，有人面鱼纹，半坡的鱼纹最著名，学者认为鱼是半坡氏族公社的图腾（石兴邦《半坡氏族公社》）。江苏吴县草鞋山的良渚文化晚期墓葬曾出土镂刻兽面纹的玉琮，同出的陶器盖上有勾连的似龙似蛇的图案，贯耳壶上有鱼、鸟形象。学者认为，古越人又称鸟越，不但信奉鸟图腾，还以龙为图腾（宋兆麟等《中国原始社会史》）。最近几年的考古发现，把我们这个民族对龙的崇拜追溯到鸿蒙初开的时候。在山西襄汾陶寺村，考古学称为龙山文化时期的墓葬中，出土一件陶盘，盘上有彩绘的龙纹（《考古》1983 年第 1 期《1977—1980 年山西襄汾陶寺墓地发掘简报》）；近年在燕辽地区红山文化中发现有不只一件猪龙，与我们熟知的龙的形象最为接近的是三星他拉村发现的玉龙（《文物》1984 年第 6 期《内蒙古翁牛特旗三星他拉村发现玉龙》）；前不久的发现更令人惊叹不已，在河南濮阳西水坡的仰韶文化遗址中，发现了龙虎摆塑（《光明日报》1987 年 12 月 11 日与 1988 年 1 月 7 日《六千年前中原地区已进入父系社会》）。从考古学的文化序列来看，仰韶文化、红山文化都早于龙山文化，西水坡发现的龙形，其时代为距今六千年，是迄今考古资料中已见到的龙的最早形象。我们从电视节目中看到，这里龙的形象已接近甲骨文字中的象形字“龙”。

然而，龙的实体至今未被发现，我们仍然难以认为它是一种曾经存在过的动物。根据学术界的一般观点，龙是综合了多种动物特征的想象之物。龙在如此广大的区域里出现，似乎表明一个比一般的图腾崇拜更高级的社会发展阶段诞生，所以有学者认为龙是“因部落兼并而产生的混合图腾”(《闻一多全集·伏羲考》)。这至少说明了两个问题：第一，我们的先民确确实实经历过一个图腾崇拜的历史时期；第二，在对龙图腾的崇拜之前，还存在过各式各样的图腾崇拜。

历史的发展总是伴随着观念的演变，对于龙的崇拜虽然为人所称道，但龙已不是图腾崇拜本来意义上的始祖和保护神。更早期的图腾崇拜，只有一些零星的可信程度不高的传说。东周时期，人们即认为最早得姓的黄帝和炎帝，是取自他们生活环境中的河水的名称，如黄帝姬姓是得于姬水，炎帝姜姓是得于姜水(《国语·晋语》)。到了汉代，还有人创制圣人吹律定姓的说法，说黄帝就是吹律定姓(《路史》引《易是类谋》)，把阴阳五行模式中的五音和姓联系了起来。职此之故，我们从现存的姓一直上推到氏族社会的图腾崇拜，事实上是很困难的。

不过，只要存在过氏族社会的结构，产生过与之相适应的图腾崇拜观念，那么，姓的起源就在于此。因为图腾的名称发展为姓，是这一文化现象的典型特征。学者指出，图腾崇拜的第一个特点就是："每一个氏族都有一种图腾，这个图腾就发展为后来的姓。如云南新平杨武鲁魁大寨的彝族人认为，方姓是獐子变来的；杨姓是绵羊变来的；范姓是水牛变来的；张姓是绿斑鸠变来的，等等。"（宋兆麟等《中国原始社会史》）因此，有人认为，我国的百家姓，有些就是由图腾演变来的，如熊、马、牛、羊、邬、乌、凤、龙、梅、花、李、叶、林、山、水、方、石、毛、皮、冯、风等（曹涛《中国姓氏的演变》，载《江西师院学报》1979 年第 1 期）。我们认为，清楚了姓的来源是图腾崇拜观念，与原始社会的氏族社会结构有密切关系，倒不必为某一个具体的姓去找它的图腾之根。

同姓不婚的标志

到了有史可征的时代，我们对于姓氏的初步印象确是如南宋学者郑樵所概括的："三代之前，姓氏分而为二：男子称氏，妇人称姓。氏所以别贵贱，贵者有氏，贱者有名无氏……姓所以别婚姻，故有同姓、异姓、庶姓之别。氏同姓不同者，婚姻可通；姓同氏不同者，婚姻不可通。”(《通志·氏族略》)他所说的三代，实际上是周代，关于夏商时期的礼制风俗，孔子已慨叹文献不足征，至今仍然所知甚少。同姓不婚，是周代礼制。《左传·僖公二十三年》记载：“男女同姓，其生不蕃。”《国语·晋语》也有“同姓不婚，恶不殖也”的记载。当时人确实是从优生的角度来看待这个问题，防止近亲婚配产生不良后代。所以首先要“男女辨姓”(《左传·襄公二十五年》)，贵族买来的侍妾假如不知道姓，要通过占卜来决定(《左传·昭公元年》)。因为婚姻是男方占主导地位，操选择权，再则男子还要称氏以标志其社会地位，所以女子必须称姓。贵族女子如齐国公室之女，在婚前可称“齐姜”；如果嫁给了鲁国之君，就可以称为“鲁姜”；死后在姓上冠以配偶或本人的谥号来称呼，如鲁桓公的夫人谥为“文”，因而称为“文姜”。

考察同姓不婚的渊源，同样是氏族社会的产物。文化人类学家找到了许多这方面的实例，如罗伯特·路威在《文明与野蛮》所叙述的，同氏姓的人不准结婚，一个破唇氏克洛人，倘若要娶一个破唇女子做老婆，一定要大大地给人笑骂，虽然谁也不能证明他们同出于哪一位祖宗，但别人要说他娶妹妹做老婆。……澳洲人比克洛人更严格。倘若一个袋鼠氏男子和另一部族的袋鼠氏女子性交，他就犯了乱伦罪，有杀头的危险。摩尔根在《古代社会》中对易洛魁人氏族的研究，勾画出了氏族的自然法，其中一条是“在本氏族内互不通婚的义务”。他说：“氏族最早大概是由一小群富于创造力的蒙昧人发起的，不久以后，必然是因为这种制度繁殖出优秀的人种而得以证明其实效。氏族制度在古代世界几乎到处流行，这就最有力地证明它给人类带来了好处，并证明它符合于蒙昧阶段和野蛮阶段的人们的愿望。”我国内蒙古陈巴尔虎旗鄂温克族也是如此，“同一氏族或同一图腾的人内部不婚，每个成员订婚或请萨满看病时，必须先询问属于什么图腾”；“同氏族的人内部不通婚，因此图腾也是氏族外婚制的标记。它对禁止血缘婚、实行氏族外婚制起了保证作用”（《中国原始社会史》）。同姓不婚正是氏族外婚制的遗留，男女辨姓则与图腾的保证作用相同。但是，周代为什么有如此浓郁的氏族气息呢？

我们知道，周代的社会制度是宗法分封制，这套社会制度最显著的特点就是以血缘纽带的关系来维护周王室的统治。周武王灭商以后，把兄弟子侄分封到全国各地，为诸侯；诸侯国内再进行宗法分封，为大夫，为士。中央政权与地方政权之间的关系是政治和血缘的双重关系，又用嫡长子继承的制度把这种关系长期固定了下来。《诗经·大雅·板》“大邦维屏，大宗维翰”，“宗子维城”，形容的就是这种制度。遍布在全国各地的同姓诸侯，是周天子的安全保障，是周政权的基石。这张宗法关系大网表现为政权形式以后，虽多历年所，仍须保持其血缘关系，互相之间仍要维护同宗共族的感情，有那种氏族生活时期的心理态势，同姓不婚的氏族生活习俗就成为非常必要的一个条件。为了使此习俗历久不衰，强调“男女同姓，其生不蕃”，实际上是传统力量和现实政治的需要使然。试想经过了几百年，到东周时期，同姓之间的血缘关系早已是毫不相干，对于生儿育女还会有什么影响？所以，除此之外，还有别的说法。如晋平公生了病，子产就说他是因为纳了四个同姓女子为侍妾的缘故。他的道理是，“内官不及同姓，其生不殖。美先尽矣，则相生疾”(《左传·昭公元年》)。如此则真能耸人听闻，使人戒惧。

同姓不婚还有一重政治功能，就是保证与异姓诸侯的联姻。周代同姓诸侯虽占大多数，但还有不少异姓诸侯，有功臣的封国，也有被灭国王室的保留地，姬姓诸侯国内也有异姓的卿大夫。周天子与异姓诸侯、姬姓诸侯与异姓诸侯世代联姻的传统，是宗法制度的补充部分。周天子因此而称异姓诸侯为伯舅，称同姓诸侯为叔父，政治关系表现为血缘关系和亲戚关系，是那个时代独特的社会结构。明乎此，我们就能理解辨姓在先秦时代的重要性，以及同姓不婚所包含的政治内容。

氏的由来

氏的出现，仍与政治使命有不解之缘。《左传·隐公八年》云："天子建德，因生以赐姓，胙之土而命之氏。"是说领有土地的人才有称氏的资格。所以郑樵说："古之诸侯诅辞多曰坠命亡氏，踣其国家，以明亡氏则与夺爵失国同。"(《通志·氏族略》) 这大概是命氏的初始，无论分封的领地大小，每一块土地的领主都得以称氏，其余的人则不然。但是，大小领主都有子孙若干人，虽瓜分豆剖，也不见得都能分到一块领地，世代绵延，子孙繁衍，到无地可封时，命氏之原意就蜕变，氏成为分别贵贱、表示社会地位的称谓。社会地位不会数代相同，就有"氏一再传而可变"(顾炎武《日知录》) 的情形。氏要能表示社会地位的等级差别，就形成了约定俗成的习惯法，吕思勉将其归纳为：

命氏之法：诸侯即以国为氏，若践土之载书，晋重、鲁申、卫武、蔡甲午、郑捷、齐潘、宋王臣、莒期是也。诸侯之子曰公子，公子之子曰公孙。公孙之子，不得上系于诸侯，则别立氏。立氏则追溯其祖，故以王父字为氏。其中又分为二：嫡夫人之子，以五十字伯仲为

氏，若鲁之仲孙、季孙是也。庶子以二十字为氏，如展氏、臧氏是也。（《中国制度史·宗族》）

以上是诸侯子孙命氏的一般法则，已能反映出其与宗法分封制度的社会结构相为表里的特征。郑樵在《通志·氏族略》中把得氏的由来总结条划为三十四类，绝大部分都是宗法社会的产物，另有一些与先秦时称氏无关的内容，则是他著书体例所要求的，和严格意义上的命氏不是一回事。以下我们略举数类，以见其凡。

天子的等级最高，也有氏，以其王朝的称号为氏，周天子即以周为氏。郑樵曾讥笑司马迁和刘知幾称周公为姬旦、文王为姬伯，就是说他们不知道这些人不应称姓，而应称氏。周天子为王，则有所谓“以爵系为氏”的，如王叔、王子、王孙。吕思勉提到的公子、公孙也属于这一类。诸侯的后裔，还有“以爵谥为氏”的，如卫成公之后为成公氏；“以国系为氏”的，如蔡仲、滕叔等。周代的爵位大致分公、侯、伯、子、男五等，同为诸侯，则有爵位的区别，其后裔有“以国爵为氏”的，如夏侯、莒子、葛伯等。有径直“以爵为氏”的，如王、公、侯、霸（与伯通）等。

周王朝与各诸侯国都有职官，官员后裔有“以官为氏”的，如司马、司徒、史、南史等；有“以官名为氏”的，即把曾任职官的人名与官职联合在一起命氏，如师宜、尹午、史晁等。

诸侯以下有卿大夫，封有采邑，其后人有“以邑为氏”的，如毛、樊、甘、原等；有“以邑系为氏”的，如原伯、申叔等；有“以邑谥为氏”的，如苦成、古成等。

卿大夫以下有士，封有食地，其后人即有“以地为氏”的，如曹丘、狐丘等。

贵族死后大都有谥号，其后裔有“以谥为氏”的，如庄、严、敬、康等。

庶人则有以职业为氏的，郑樵分为两类，“以技为氏”（如屠、陶、优等）和“以事为氏”（如车、冠、蒲、青牛等）。

其他如“以字为氏”、“以名为氏”、“以次为氏”、“以族为氏”等类，贵族用以命氏的已是远系旁支，无足称道，而庶人也可以用来命氏，社会地位的特殊性在字面上已难以反映，非追溯谱系则不能辨所谓贵贱。

庶人也有用居地命氏的，郑樵已无法把它和“以地为氏”的一类区别开，只好算作一类。我们能够明显看出来的，如东、东里、东郭、南郭等，是庶人命氏的居地。

考察一下氏的由来，一幅简明的宗法社会结构图就摆到了我们面前，等级分明，秩序井然。随着宗法制度的崩溃，用氏以辨别贵贱的观念也就消亡了。

姓氏一体化的过程

氏与姓成为一体的明确界标，是在司马迁的伟大著作《史记》中。他记载孔子，说字仲尼，姓孔氏；记刘邦，说姓刘氏，为此受到后人的非议。如果说太史公不学无术，那是毫无道理的，但说孔子姓孔氏，则显然是由于汉代人的姓氏观念不同于先秦，在孔子当时是不应有此类说法的。那么，汉代博学如司马迁，已不再区分姓氏，表明姓氏走向一体化的过程肯定是早已开始了。

我们知道，春秋、战国是中国历史上一个翻天覆地的时期，由于深刻的经济原因，社会结构处于不断的分化和重新组合之中。旧制度的破坏，新制度的建设，社会各阶级、各阶层之地位的调整，在几百年的社会动荡中进行着。

浮现在社会表面的，首先是春秋时期周天子的威权式微，诸侯各行其是，打着“尊王攘夷”的旗号，争夺霸权。更有甚者，直接与周天子对抗，两军对垒，一决雌雄。如《左传·桓公五年》载，周天子率诸侯去讨伐不遵号令的郑国，结果被郑国的军队四面合围，王师大败亏输，天子也被射伤。再是诸侯国中卿大夫的崛起，操纵了大权，在政治生活中所起的作用越来越大，国君大权旁落，受人摆布。如鲁国的三桓，孔子经常对其表示义愤，就是因为他们左右了鲁国的政权，而表现出在传统眼光看来是肆无忌惮的种种行为。这个时期出现的“初税亩”、“铸刑鼎”等制度方面的变化，从另一个侧面告诉我们，宗法分封制已经开始瓦解。

战国时期，七雄逐鹿，各国先后变法改革，周代以嫡长子继承为基轴的社会政治制度逐渐被破坏、被废止。这个时期的游士依仗着胸中韬略、口中辩给，在中华大地上往来穿梭，游说诸侯，一旦被用，待以不次之位，骤然凌驾于昔日的贵族之上，如吴起、范雎、商鞅等。很显然，以前的氏已不能表示这些人变动不居的社会地位。许多没落的贵族，再也不能用其社会地位显示其氏的高贵。

从春秋到战国末年，生长壮大着一个新生事物，即郡县制。春秋时诸侯国的县制最早产生于很晚才得以封国、可以说没有什么传统的秦国。因为秦国内部宗法制度扎根不深，所以在秦武公十年（公元前688年）就采用了县制。后来，在经济文化比较先进的晋、楚、齐等国，县制也相继发展起来。郡原是比县小的行政区划，后来演变为县上一级的行政建制。战国时期，郡县制已经相当普遍。郡县制的确立，意义很大，在古代史家笔下，是和封建制（分封建国）对举的经国大计。我们也应充分估价这种制度摆脱氏族血缘关系政治的形式，完成以地域为行政区划的进步作用。由于有了各国的郡县制度及任免地方官吏的坚实基础，秦统一全国后，才能彻底废除分封制，铲除宗法制度及与之相联系的贵族政治制度。宗法分封制度灭亡，氏只剩下标记直系血统的作用，和姓的区别失去了客观依据。

还有，在动乱的社会变革中，使得一大批原来无姓的细民成为新的贵族。如汉高祖刘邦，初为布衣时，其手下的梁王彭越原为渔人，淮南王英布原为刑徒，舞阳侯樊哙曾以屠狗为业，绛侯周勃少时曾织薄曲（养蚕器具），颍阴侯灌婴本为贩卖丝绸的小商人……他们自然乐于破坏旧的姓氏制度，于是，混言姓氏，以氏为姓，以姓为氏，姓氏合而为一，就成为汉代以降的传统。这诚如清代学者钱大昕所说："秦灭六雄，废封建，虽公族亦无议贵之律，匹夫编户知有氏不知有姓久矣。汉高帝起于布衣，太公以上名字且无可考，况能知其族姓所出耶？故项伯、娄敬赐姓刘氏，娥姁为皇后，亦不言何姓。以氏为姓，遂为一代之制，而后世莫能改焉。"（《十驾斋养新录·姓氏》）

秦汉以后，姓氏成为一体，性质上也没有贵贱之别。然而，社会结构中的等级差别仍然存在，只不过表现的形式不同了，因而姓氏单独标志社会地位、声望的作用不复存在，改换了新的面目。

二

门阀士族兴盛时期的姓氏之辨

姓氏又一次与人们的社会地位相对应，作对标志身份等级的徽号，是在南北朝时期。但是，经过秦汉两代，每个家族的姓氏都已固定下来，无法像先秦时期那样“氏以辨贵贱”，因此产生了分别士庶、推重地望的新内容。流风所及，隋唐时期仍发生争执姓氏等第的风波，甚至有利用姓氏传统势力与皇权相颉颃的现象。辨别族姓及与之相关联的门第观念，在我们的民族心理中留下了什么样的印痕呢？值得我们深思。

六朝门第

南北朝时期，普遍以世家大族为政权支柱，以门第相高蔚为风气。婚姻只重门第，其他可以不问。如《陈书·儒林传》所载的王元规，是太原王氏，著名的望族，小时候父亲死后寄住在舅家，已经落魄不堪，当地拥有百万家财的土豪，要把女儿嫁给他，他竟然不答应。这事很受当时人称道。再如《魏书·崔辩传》载，崔家有个姑娘一目失明，门户相当的望族没有人愿意联姻，家里打算把她嫁给寒门下族。她姑姑听说此事以后，大为悲恸，说什么也不能让侄女落了身价，就让自己的儿子娶了她。这事也是当时流传的佳话。

门第观念是经过长期酝酿得以形成的，在东汉时期就有了一定的社会基础。那时大地主庄园经济演化为世家大族的坞壁聚落，在汉末动乱的年代急剧发展起来。汉代的官僚制度和铨选制度年久弊现，出现了世代占据高位的家族，弘农杨氏四世皆为三公，汝南袁氏更甚，称四世五公。经济和政治的势力汇聚起来，逐渐形成一个稳定的社会阶层。这个阶层利用汉末清议、月旦评等品评人物、干预选拔官吏的习俗，演变出九品中正制度，掌握着进退士人的大权，使一代制度成为门阀士族的护身符。曹魏时期颁行的九品中正制，又称九品官人制，直到隋代才被废除。纵观如此漫长的历史阶段，推荐选拔官吏的大权一直操纵在世家大族手中，门第观念的形成与巩固也就不足为奇了。因为各州的大中正、各郡的中正都是当地“著姓士族”，这些人在确定人物品第时，自然而然以维护自身利益为职志，因而有“上品无寒门，下品无势族”（《晋书·刘毅传》）的现象。为了维护这种既得利益，分别所谓士族和庶族就成为世族大家的第一要务，他们在各个方面都要表现得与庶族有别，使无形的鸿沟依照他们的意愿拓宽掘深，有时甚至不惜与皇权对抗，历代皇帝出于政治上的需要，也颇能优容。那个时候的所谓士大夫真正不可一世，和庶族寒门有如霄壤之隔。梁武帝时，有个幸臣纪僧真，极愿跻身士族，就向武帝恳求。这位皇帝说，这事我也做不了主，要江敩他们说了才算数，你自己去试试看吧。纪僧真到了江敩府上，才落了座，江就命手下人把自己的座位抬得远远的，弄得纪狼狈而归，回来对武帝说，打着天子的旗号也当不了士大夫。（《南史·江敩传》）

著名史学家唐长孺说：“总之一到南北朝时期门阀制度已确立，九品中正制对其所起的巩固作用发挥到了顶点，士庶之别成为无可怀疑的原则；也在此时九品升降的重要性倒显得减少了。因为士族进身已不必关心中正给他的品第，问题只在于自己的血统，防止士庶混淆最好的办法是辨别姓族，企图享受特权也只有假造谱牒，中正品第只是例行公事，无足轻重。甚至父祖官爵高低都不再计较，而所重视者乃是魏晋间祖先名位。”（《魏晋南北朝史论丛》）要辨别血统族姓，谱牒之学一时大盛。这个时期的谱学重视合谱，主要是为了突出世家大族的等第、地望和血统，便于比较分辨，使源流清晰，不相混杂，最终达到维护政治特权的目的。谱学又是朝廷任用官员的依据，宋刘湛、齐王俭、梁王僧孺都撰有《百家谱》，为吏部铨叙所用。所以唐代精通谱学的柳冲说："官有世胄，谱有世官。"谱学是为世家大族服务的手段，其内容也就是了解世家大族的地域分布、血统分支、等第阀阅之类。即如柳冲论谱学，则说："过江则为'侨姓'，王、谢、袁、萧为大；东南则为'吴姓'，朱、张、顾、陆为大；山东则为'郡姓'，王、崔、卢、李、郑为大；关中亦号'郡姓'，韦、裴、柳、薛、杨、杜首之；代北则为'虏姓'，元、长孙、宇文、于、陆、源、窦首之。"（《新唐书·柳冲传》）这中间仍有差别，"凡三世有三公者曰'膏粱'，有令、仆者曰'华腴'，尚书、领、护而上者为'甲姓'，九卿若方伯者为'乙姓'，散骑常侍、太中大夫者为'丙姓'，吏部正员郎为'丁姓'"（《新唐书·柳冲传》）。四姓在北朝都是右姓。这样详细的等第一方面靠谱牒稽考，另一方面靠郡望来标榜。如琅邪王氏、太原王氏是世族，其他地方的王氏就不是；陈郡谢氏、济阳江氏是世族，别的地方的谢氏、江氏就不是。标榜郡望，自称某地某氏，后代一直有这种习惯，成为一种文化传统。今天我们仍能看到有的人在署名时，习惯地把自己的籍贯置于姓名之前。即使是我们的各种表格，如涉及个人履历，必有籍贯一项，也是同一传统的显现。

我们在前面所举的婚姻重门第，只是世家大族自贵其血统的一个方面，然而对于后世的影响莫此为甚。当然传统也是要通过一定的现实社会条件才能发生作用，不过这种古老的心理因素确实是个不小的包袱。

围绕姓氏等第的斗争

隋唐两代实现了全国统一，旧日的门阀士族在统治集团中不占主要地位了，让位于新起的关陇集团。在北周时期形成的这个政治集团，与魏晋时期崛起的门阀士族有很大差异，他们保留了许多北方少数民族的习俗，尚武善战与手摇麈尾的风流名士不可同日而语。然而，由于长期以来所形成的社会习惯势力，他们仍须以阀阅郡望相标榜，自诩为某地著姓，以争取社会舆论的认可。

李家创立了大唐王朝，自称陇西大姓，又拉老子李耳为远祖。即使如此，仍觉得不稳妥，贞观六年，唐太宗诏令吏部尚书高士廉、御史大夫韦挺等负责修《氏族志》，据《新唐书·高俭传》，有这么几条原则："进忠贤，退悖恶；先宗室，后外戚；退新门，进旧望；右膏粱，左寒畯。”这几条原则其实有自相矛盾之处，想要体现新王朝的政治要求，又要照顾旧的传统势力，尽管明确了“先宗室”的宗旨，但是还要“退新门，进旧望”，主修《氏族志》的高士廉等人很难把握这样的原则，加之熏染旧习，一时适应不了新的政治格局的需要，仍把山东大族崔干高居第一。

唐太宗大发雷霆，一通长篇大论的斥责：“我于崔、卢、李、郑无嫌，顾其世衰，不复冠冕，犹恃旧地以取赀，不肖子偃然自高，贩鬻松檟，不解人间何为贵之？齐据河北，梁、陈在江南，虽有人物，偏方下国，无可贵者，故以崔、卢、王、谢为重。今谋士劳臣以忠孝学艺从我定天下者，何容纳货旧门，向声背实，买昏为荣耶？太上有立德，其次有立功，其次有立言，其次有爵为公、卿、大夫，世世不绝，此谓之门户。今皆反是，岂不惑耶？朕以今日冠冕为等级高下！”结果把崔干降到了第三等。

高宗时，武则天的威权日重，有个许敬宗就利用姓氏等第的观念献媚讨好，说《氏族志》没有叙武后的家世，应该重修。恰好大臣李义府也对先前的《氏族志》不满，因为他家在志上无名，建议重修。新修的谱牒改称《姓氏录》，凡在唐朝做官到五品的都收录为士流。那些老世家缙绅都不把新录放在眼中，嗤为“勋格”。李义府奏请收回贞观时的《氏族志》，全部销毁，用秦始皇的办法对付那些顽固的山东旧望。于此可见旧士族在社会上尚有相当声望，他们深厚的社会根基竟然有那样强大的防卫能力，反而使政治权力在手的一班人显得手忙脚乱，滑稽可笑。

当时还有一些谱牒专家，更是顽固，把旧有的惯例看做天条，这些人也是旧势力的一个堡垒。如孔至、韦述是齐名的谱牒学者，孔至修撰了一部《百家类例》，韦述觉得很好，认为可以流传久远。这部书却没有收当世重臣张说等人家世，认为是“近世新族”，理宜屏却。张说的儿子张自大光其火，骂道：“天下的族姓和这班人有什么相干，怎么老要来胡搅一气！”孔至听说了有些惶恐，准备修改，韦述说：“止！丈夫奋笔成一家书，奈何因人动摇！有死，不可改！”孔至也就听了他的话，宁可以身殉“道”，没有改书。

因为当时的门第观念盛行，朝野的看法不能统一，统治阶层各家族的社会声望难以取得压倒性优势，所以有这一系列的斗争。尽管唐王朝采取高压政策，但到中晚唐时期，南北朝时期的士族仍然还有盛誉，以至唐文宗感叹说：“民间修婚姻，不计官品，而尚阀阅。我家二百年天子，顾不及崔、卢耶？”（以上史实俱见《新唐书》）

围绕姓氏等第的斗争毕竟只是表面的现象，隐藏在背后的则是社会各阶层在政治、经济等方面的角逐，是统治阶级内部争权夺利的搏杀。南北朝时期世家大族的势力在有唐一代虽然衰替，然而仍拼死据守，不愿退出历史舞台，并有一度在政治上的回光返照，表现在牛李党争之中。“落花流水春去也”，随着社会变迁的浪潮，门阀士族与姓氏等第终于成为历史的陈迹。

三
姓氏与民族认同心理

这几年，“炎黄子孙”、“黄帝苗裔”一类的说法在海内外特别流行，又辅以“龙的传人”等，日益成为华夏文化的一个聚焦点。华人在世界上散布得愈广泛，这种认同意识就愈浓烈，我们不能不承认这是民族文化心理结构中的重要组成部分。中华民族的这种意识始于何时？这种意识为什么和黄帝、炎帝有如此密切的关系？姓氏的有关知识可以为这些问题提供一个答案。

“本是同根生”的现象

唐代武则天执政时，曾问大臣张说：“儒士谈论氏族，认为都是黄帝和炎帝的苗裔。这样说来，黄帝、炎帝以前就没有姓吗？”张说答道：“上古确实没有姓，从炎帝姓姜、黄帝姓姬开始才有的。他们的姓是从出生地的地名得来。”（《新唐书·张说传》）可见华夏民族是炎黄子孙的观念，在唐代还仅仅局限在知识阶层，身处高位的武后尚且是一知半解，在下层社会的影响更是微乎其微。

据文献记载，炎帝神农氏生长在姜水之滨，所以姓姜；黄帝轩辕氏生长在姬水之滨，所以姓姬。虽然他们同为最早的得姓者，但炎帝只传有姜姓一支，黄帝却又分出十二姓，因而推尊姓氏之祖，总以黄帝为主。先秦文献《国语·晋语》中记载，黄帝有二十五个儿子，分化为十二个姓，姬、酉、祁、己、滕、箴、任、荀、僖、姞、儇、依。继姬、姜之后，这是第二批最早的姓，后代的姓，据说大部分源出于此。当然，文献中记载的古人有关姓氏起源的说法与历史的真实有相当距离，不过，塑造共同的祖先，描绘衍生的脉络，却是先秦时期知识阶层中民族认同意识的显现。流布渐久，自会产生民族的向心作用和凝聚作用。

避开历史上纷繁复杂的现象，不要计较神话传说的成分，我们可以把大部分汉族姓氏都追溯到黄帝和炎帝那里，譬如人们经常作为口头禅的《百家姓》起首一句，“赵钱孙李”，即以此四姓为例，便可见一斑。

“赵”姓，源于造父。他是周穆王驾车大夫，曾为穆王驾车周游天下，因功封赵地（今山西洪洞赵城），为赵氏。他的后裔在春秋时期显赫起来，竟致三分晋国，建立了赵国。造父的祖上是伯益，帮助大禹治水有功，帝舜赐他嬴姓。所以，赵姓与统一中国的秦公室是同祖。伯益的父亲叫大业，大业只有母亲，名叫女脩，吞了一只燕卵后怀孕生了大业。大业没有父系亲属，母系则出自帝颛顼的孙女。帝颛顼之父是昌意，乃黄帝与嫘祖所生，黄帝是颛顼的祖父。由此可知，造父的始祖是黄帝，赵姓的根在此。

“钱”姓，源出于彭姓。西周时，彭祖的后人彭孚任钱府（掌管钱财的官署）上士，因此称为钱氏。我们追溯彭祖的来历，得知帝颛顼有个孙子叫吴回，在帝喾时为火正祝融。吴回的儿子陆终娶了鬼方氏之女女嬇为妻，女嬇有孕三年，始终不能分娩。最后，陆终剖开女嬇的左肋，产三子，剖开右肋，又产三子。彭祖即是这六子中的老三。既然知晓彭祖是颛顼的后裔，钱氏与黄帝的关系就清楚了：黄帝——颛顼——吴回——彭祖——彭孚——钱氏。

“孙”姓的情况稍复杂些，来源有三。一支出于创建周朝的姬姓。周文王之子卫康叔的八世孙卫武公有个儿子叫公子惠孙，惠孙的孙子名乙，字武仲，他以其祖父的字命氏，为孙氏。周之姬姓是黄帝的姓，可以说是黄帝的嫡系。周的始祖是“播时百谷”的后稷，他虽是其母姜嫄履巨人之迹而生，他的姓却得于父系，因为其母是帝喾之妃，帝喾为黄帝子玄嚣的后代。后稷乃至周王室之姬姓是黄帝传人，源于姬周的孙氏自不例外。此支孙氏系出于黄帝。另一支孙氏出于芈姓。楚君蚡冒的后人蔿敖，字孙叔，为楚国著名贤臣。孙叔敖的子孙以他的字命氏，称孙氏。芈姓出于帝颛顼。颛顼的后裔鬻熊是周文王的臣子，其孙熊绎在周文王时受封在楚，为楚国国君，姓芈。由此可知，此支孙氏源于黄帝，其谱系是：黄帝——颛顼——熊绎——孙叔敖——孙氏。还有一支孙氏出于田氏。陈厉公的儿子陈完逃到齐国，改称田氏。田完的后裔有名书字子占者，在齐国为大夫，因伐莒有功，齐景公把他封在乐安，称孙氏，著名军事家孙武和孙膑据说即是此支孙氏的苗裔。田完的祖上为陈侯，妫姓，是帝舜的后裔。帝舜是帝颛顼的后裔。此支谱系是：黄帝——颛顼——舜——田完——田书——孙氏。综上所述，三支孙氏都源于黄帝。

“李”姓，源于理氏。相传帝尧时，皋陶担任大理（司法长官），他制定了五刑，而且善于决狱，断案如神。他的子孙世袭大理职务，历虞、夏、商三代，因此称为理氏。商朝末年，理氏后人理征因为执法不阿，得罪了商纣王，被处死。理征的妻子契和氏带着幼子利贞逃往伊侯之墟。母子二人穷困不堪，幸好当地李树很多，又是果实成熟季节，以李子充饥，才得以活命。利贞不敢再称理氏，又感李树活命之德，于是改称李氏。李氏之祖皋陶是和尧舜齐名的人物，《尚书》中有他的专章《皋陶谟》。据说皋陶是帝少昊的后裔，而帝少昊即是黄帝之子。《国语》中说黄帝有二十五个儿子，“唯青阳与苍林氏同于黄帝”，青阳就是少昊金天氏。看起来，李氏上溯到黄帝的线索简单明白，可以说是黄帝的嫡系。

我们从四姓溯源的过程中不但了解到汉族姓氏在文化观念中的同源性，而且可以看出，上古的神话传说也有同样的特征。这种早期的寻根意识逐渐演变为民族认同心理，成为中华民族的一种向心力。一个民族的生命力表现在多方面，而文化的凝结作用是其基础。姓氏作为一种文化现象，在此中的位置的确很重要。

不但汉族是以炎黄为始祖，周边少数民族由于受汉文化的影响，也有同样的认同意识。鲁迅《伪自由书·文章与题目》中有这样一节讥刺的文字：

> 我没有看过《清史》，不得而知，但据老例，则应说是爱新觉罗氏之先，原是轩辕黄帝第几子之苗裔，遁于朔方，厚泽深仁，遂有天下，总而言之，咱们原是一家子云。

我们现在处在和鲁迅不同的历史时期，从文化史的角度看，即使满族人说了和汉族人原是一家子，意义也大不相同了。而鲁迅所说的“老例”，在正史里是确有其事的。如《魏书》起首就铺叙了鲜卑族与黄帝的渊源关系：

> 昔黄帝有子二十五人，或内列诸华，或外分荒服。昌意少子，受封北土，国有大鲜卑山，因以为号，其后，世为君长。

不但此也，鲜卑皇室姓拓跋氏，也和黄帝有关。因为按阴阳家“五德终始”学说，黄帝以土德王，据说鲜卑族谓土为“拓”，称君主为“跋”，所以鲜卑的首领称拓跋氏（《魏书·序纪》），是继承了黄帝的土德。

少数民族入主中原，急于认黄帝为始祖，在当时自然是为政治服务，为取得被统治下的汉族在心理上的承认，这样做固然有其策略上的欺骗性，但致力于追寻和汉族相同的根，客观上表现出与汉族认同的效果。既为武力征服者，又做文化的俘虏，这是周边少数民族入主中原后的普遍现象。民族认同的心理机制在长期的历史进程中通过此类做法产生影响，对于形成我国这样一个多民族的统一国家，有很重要的作用。

认祖与联宗

汉初姓氏统一，不再有所区分。如果没有大的变故，一般说来姓氏在男性一系是固定不变的。由此就流传着一句俗语，说同姓的人“五百年前是一家”。这样，就衍生出与“本是同根生”相联系着的，在单个的姓氏中的认同心理和归属情感。汉代以降，人们便认为，古代的某人即是自己的祖先。许多人引古代名人为祖上都是想当然，唯一的凭证就是同姓，为了增添家族的光彩，映衬自己，很少能实事求是。

东汉末年，有个大名士叫李膺，字元礼，当时有“天下楷模李元礼”之称。此人因为名气大，就轻易不和人见面，给守门人规定，除非是当世名士和通家之好，其余一概挡驾，不必通禀。孔融那时候才十岁，跟着父亲到了京师洛阳，想瞻仰一下这位大名士的风采，就跑到李府，对守门人说：“我是李君通家子弟。”守门人只好通禀，李膺把他请进去，问：“你祖父或你父亲与我有过交往？”孔融说：“有啊。先君孔子与你老先生的先人李老君（老子）同德比义，又有师生之谊。这么说起来，我和老先生确实是累世通家呢。”在座的许多人都叹服这孩子聪慧，自愧不如。(《后汉书·孔融传》)实际上，孔融虽确实出于孔子一系，李膺和老子却只是都姓李，很难说李老君是李膺的先人。然而小孩子如此一说，竟使四座叹服，无疑是迎合了大家的心理，特别是满足了李膺的名士脾味，而不单单是诧异孔融的巧慧。这段千古美谈，足可以说明汉代人就喜欢拉历史上的著名人物作自己的祖先，名士在这方面还起了引导的作用。

以古代名人为祖上，是为了抬高自己的身价，增加几分荣耀，有现实的功利因素。但是，同姓一家的普遍意识也不排除代替古人蒙羞受过，承担道德上的责任，这是认祖现象的一物两面，同胎共生的。因此，同姓中如果有臭名昭著的古人，也不可避免地要成为被攻击的口实。

唐代仍有六朝之风，出身于世家大族者很自豪，根本瞧不起寒门小户。山东崔氏是有名的望族，有个崔姓者颇以此自负，十分矜持，鄙视同列姓林的人。林姓者很恼火，当面质问他："春秋时期，齐国崔杼犯上作乱，杀死齐庄公。《论语》里面却有林放向孔子问礼，受到称赞。你说到底是谁的姓氏好呢？"姓崔的人觉得十分惭愧，只好低下头，无言以对。(王圻《续文献通考》)

直到清代，还流传此类故事。有一个叫秦大士的人，想到秦淮河的第一个字恰与自己的姓氏相同，很得意，就吟出一首绝句，其中一句是“淮水而今尚姓秦”，一时脍炙人口，广为传颂。后来他和大诗人袁枚同游西湖，看岳王坟前的秦桧铁铸跪像，人们又缠着他题诗，这一回他觉得很狼狈。性善诙谐的袁枚代他吟出一联：“人于宋后羞称桧；我到坟前愧姓秦”，做了个结局。（《清稗类钞》）袁枚把秦大士的窘状刻画得惟妙惟肖，而我们从他的窘迫中不是能够理会出深深扎根于民族心理中的同姓归属情感吗？

认一个古代名人为祖上，让人看起来有些突兀，毕竟不很雅观。因此，文化知识丰富的人往往在历史上找出很多同姓名人，与自己的宗谱联系起来。这样一来，不但显得有学问，而且能表明家世渊源有自，光荣历史十分久远，还以此进行家族的传统教育，使后代不堕家声，努力奋斗，光宗耀祖。如东晋大诗人陶渊明有《命子》诗，描述了他这一支陶姓的繁衍和历史上的煊赫，以及对其子的期望，写来十分自豪，抒情纪实，优美动人。诗虽有些长，我们还是照录于下：

其一

悠悠我祖，爰自陶唐。邈为虞宾，历世垂光。御龙勤夏，豕韦翼商。穆穆司徒，厥族以昌。

其二

纷纭战国，漠漠衰周，凤隐于林，幽人在丘。逸虬挠云，奔鲸骇流。天集有汉，眷予愍侯。

其三

于赫愍侯，运当攀龙。抚剑夙迈，显兹武功。参誓山河，启土开封。亹亹丞相，允迪前踪。

其四

浑浑长源，蔚蔚洪柯。群川载导，众条载罗。时有默语，运固隆汙。在我中晋，业融长沙。

其五

桓桓长沙，伊勋伊德。天子畴我，专征南国。功遂辞归，临宠不惑。孰谓斯心，而可近得。

其六

肃矣我祖，慎终如始。直方二台，惠和千里。于皇仁考，淡焉虚止。寄迹夙运，冥兹愠喜。

其七

嗟余寡陋，瞻望靡及。顾惭华鬓，负景只立。三千之罪，无后其急。我诚念哉，呱闻尔泣。

其八

卜云嘉日，占尔良时。名尔曰俨，字尔求思。温恭朝夕，念兹在兹。尚想孔伋，庶其企而。

其九

厉夜生子，遽而求火。凡百有心，奚待于我。既见其生，实欲其可。人亦有言，斯情无假。

其十

日居月诸，渐免于孩。福不虚至，祸亦易来。夙兴夜寐，愿尔斯才。尔之不才，亦已焉哉！

陶渊明追溯他的祖上是帝尧陶唐氏，夏商周三代都有名世者，只是在战国纷乱时才隐居起来，找不到陶姓的显赫人物。西汉时期，有愍侯陶舍，是跟随汉高祖刘邦的开国功臣，刘邦和功臣有过“使黄河如带，泰山如砺，国以永存，爰及苗裔”的盟誓，诗中“书誓山河”，即指此事。汉景帝时，陶舍的儿子陶青做了丞相，即诗中“亹亹丞相，允迪前踪”。晋代长沙公陶侃是陶渊明的曾祖，因此诗中颂词最多。宋人马永卿已指出，陶侃的传记中未载其家世，即没有记载是出于陶舍、陶青一系，这种渊源关系仅在此诗中看到（《嬾真子》）。其实这正是认祖的习惯，无需去找根据，说是陶渊明的创作也未始不可。然而正是诗中“浑浑长源，郁郁洪柯，群川载导，众条载罗”的意识，在人们心理中占据着牢固的位置。

同姓的归属感情日益发皇，衍至末流，竟有人钻这个空子，找到一种谋生的手段，专一为人撰作族谱，拉名人标榜门楣。明代有个人叫袁铉，很有些学问，但是仕途不畅，家贫无业，就在江苏一带给富家大户撰作族谱。他把汉唐宋元以来的显贵人物都查找出来备用，谁家作谱，其祖先都是由侯王将相一脉而来，还把历代封谥诰敕、名人序文都抄录在内，主家看了十分喜悦。袁铉活了七十多岁，就靠作族谱过活，并以此致富。（《县笥琐探》）

《陔余丛考》载：

世俗好与同姓人认族，不问宗派，辄相附合。此习自古已然，李唐自以为出老子后，追尊老子为玄元皇帝，并以《史记·老子传》升于列传之首；郭崇韬以汾阳王为远祖，西征日，路过河中，祭汾阳墓，哭甚哀；南唐主李昇，以唐吴王孙祎有功，祎子视为相，遂以吴王为祖，自岘以下五世，名皆有司所撰，此攀附明德以为光宠者也。然狄武襄官枢密使，有以狄梁公画像及诰敕来献者，武襄曰："一时遭际，安敢远附梁公耶？"其见卓矣。

又有本非同姓，而强产联宗者。《北史·唐瑾传》：周文赐瑾姓宇文氏。燕公于谨白周文，言瑾学行兼修，愿与之同姓，结为兄弟，庶子孙承其余绪，有益义方。周文乃更赐瑾姓万纽于氏，谨遂深相结纳，敦长幼之序。此则非同姓而认族，实为千古所未有，然于谨以其家法而欲师之，非后世依光附势者之为也。《晋书·石苞传》：曾孙朴没于寇，石勒以朴与已同姓，且俱河北人，引为宗室，位至司徒。《南史·侯瑱传》：侯景以瑱同姓，托为宗族，待之甚厚。宋人小说：罗绍威为节度使，以罗隐名士，拜之为叔，赠遗甚厚。《宋史》：蔡京于蔡襄，虽同郡而晚出，京欲附襄，自谓襄族弟。此犹第以门望相附，不专为势利起见（注略）。《晋书》：孙旂子弼，及弟子髦、辅、琰四人，与孙秀合族。《南史》：周弘正与周石珍合族。石珍，建康之厮设也，为梁制局监，遂附之。《旧唐书》：李义甫既贵，自言本出自赵郡，始与诸李序昭穆，而无赖之徒藉其权势，拜为兄、叔者甚众。《李辅国传》：宰相李揆，山东甲族，见辅国执弟子礼，谓之五父。《宋史》：史正志与史浩异族，拜浩而父事之，王十朋劾其奸。此则专以权势夤缘攀附者矣。又其甚者，《宋史》：蔡薿尊蔡京为叔父，京命其子攸、修等出见，薿遽曰："大误！公乃叔祖，公子乃诸父行也。"遽列拜之。

又，《温公琐语》：张洎为举人时，张佖已通显，洎每求见，称侄孙；即及第，称侄；及秉政，则并以庶僚遇佖矣。此更势利之最可笑者也。

赵翼不但在这一节里给我们补充了认祖的几条材料，而且把联宗的情形叙述得井井有条，分门别类，无需我们再多事征引。他所分列的四种类型（实际上是三种）：师家法、附门望、攀权势及其更甚者，都是联宗的直接动因，历来人们的着眼点都在此处。那么我们再反过来设想一下，为什么联宗能给人们带来现实的利益？为什么利用联宗的方式来攀附权势往往能够如愿以偿？这就是同姓归属的情感，造成了通过联宗实现其结交权贵目的之社会心理基础。如果没有这样的基础，趋炎附势的小人就不会利用这一招，或者利用了也不会奏效。

这使我们想起《红楼梦》里的贾雨村，他丢官落魄时，和冷子兴有如下一段对话：

雨村因问："近日都中可有新闻没有？"子兴道："到没什么新闻，到是老先生你贵同宗家出了一件小小的异事。"雨村笑道："弟族中无人在都，何谈及此？"子兴笑道："你们同姓的岂非同宗一族？"（脂砚斋批：同姓即同宗族，可发一笑。）雨村问："是谁家？"子兴道："荣国府贾府中，可以不玷辱了先生的门楣了。"雨村笑道："原来是他家。若论起来，寒族人丁却不少，自东汉贾复以来，支派繁盛，各省皆有，谁能逐细考查？若论荣国一支，却是同谱，但他那等荣耀，我们不便

去攀扯，至今越发生疏难认了。”（脂批本第二回）

贾雨村初时并不知道京中谁家姓贾，后来却说与荣府是同谱，虽然说了不便去攀扯，实际上已打好了前去相认的主意，同谱不同谱，又有谁去稽查？到后来果然拿着宗侄的名帖去拜见贾政，通过这个关系，谋到了金陵应天府的差事。

曹雪芹刻画的贾雨村这个形象，对于认识夤缘攀附权势者是绝好的例证；而贾冷二人的对话，对于我们认识联宗的社会心理基础有同样的作用。通过这一段真实生动的描述，那种心理氛围就不言自明了。我们看到，现实的功利目的借助同姓情感得以实现，而姓氏的网络又由于功利因素越积越大，同姓的归属情感则在此基础上越酿越浓，互为依托，互相促进。我们注意的则是姓氏在社会生活中起到的联系作用。

如果说认祖是同姓之间的纵向联系，那么联宗就是其横向联系，一经一纬，相辅相成。更有甚者，顾炎武发现历史上有过“异姓称族”的例子，如杜甫《寄族弟唐十八使君》诗：

与君陶唐后，盛族多其人。圣贤冠史籍，枝派罗源津。

老杜称唐姓者为族弟，是如诗中所说，同是帝尧陶唐氏的后人。又《重送刘十弟判官》诗：

分源豕韦派，别浦雁宾秋。年事推兄忝，人才觉弟优。

这又是说与刘姓亦是同族，夏代刘累豢龙取代了豕韦国（见《左传》），在那以前是同姓，故可以称为同族兄弟。

韩愈也有过类似的说法，他在《送何坚序》中说："何与韩同姓为近。"（顾炎武注《容斋三笔》引孙缅《唐韵》曰：韩灭，子孙分散，江淮间音以韩为何，字随音变，遂为何氏。）以前是同姓，现在还应亲近才是。

宋代邵伯温《闻见录》记载，司马光去见邵雍，递进去通禀的名刺上写着"程秀才"。见面以后，邵雍觉得奇怪，问其缘故，司马光笑笑说："司马氏出程伯休父。"原来和姓程者同出一源，所以说是"程秀才"，姓程也无妨。

顾炎武还提到，"开元十九年，于两京置齐太公庙，建中初，宰相卢杞、京兆尹卢谌以卢者齐之裔，乃鸠其裔孙若崔、卢、丁、吕之族，合钱以崇饰之。"（《日知录》）

如此越追越远，同姓的族人则越认越多，最后会想到，天下原是一家。这样的思想意识来自于宗族生活和宗法社会关系。

宗法关系的催化作用

如果说从古昔名人为祖大都是无稽之谈，那么家谱、族谱的繁盛却使一家一族的源流井然，白纸黑字，历历有据。古代谱牒之学中独谱这一支又盛于合谱，历久而不衰，封建社会中一直存在的宗法关系是其客观依托，这是显而易见的事。

先秦时期的宗法社会制度虽然被取代，但是，其流风余韵作为一种社会关系却顽固地生存了下来，竟然成为我们这个国家的一大特色。人们聚族而居，立祠堂，设族长，成为一个社会单位，半自治性质的社会共同体。而封建朝廷大约是出于便于统治的目的，经常表彰那些世代同居的家族，又刺激了宗法关系的膨胀。清代学者赵翼统计，这类大家族的代表人物见于各史孝义、孝友传者，“《南史》十三人，《北史》十二人，《唐书》三十八人，《五代》二人，《宋史》五十人，《元史》五人，《明史》二十六人。”（《陔余丛考》）最有名的是唐代张公艺，九世同居，唐高宗到他家中，问他为何能世代同居，此人在纸上写了一百多个“忍”字，把高宗感动得掉下了眼泪。（《旧唐书·孝友传》）赵翼还从《五代史》中检出江州陈氏，宗族七百口，吃饭时都要聚在一起；他家养的一百多条狗都是共食，形成条件反射，缺一条，其余的都不吃食。世代同居比一般的宗族联结得更紧密，不但用血缘关系凝固为一个社会共同体，更是一个经济共同体。这一类家族虽不多，但被朝廷旌表为“义门”，使宗法关系在社会上蔓延，宗族成为地方政权的补充。毛泽东说中国封建社会有四条极大的绳索，其中一条即族权，可见宗法关系是适应封建统治需要的，它最基本的职能就是解决了一系列下层社会的社会纠纷，把人们维系在政权允许的范围之内。所以，宋代理学家都极力提倡加强宗法关系，如张载说：“管摄天下人心，收宗族，厚风俗，使人不忘本，须是明谱系世族与立宗子法。宗法不立，则人不知统系来处。古人亦鲜有不知来处者，宗子法废，后世尚谱牒，犹有遗风。谱牒又废，人家不知来处，无百年之家，骨肉无统，虽至亲，恩亦薄。”（《经学理窟》）由于理学的社会影响，宋代以后由宗法关系形成的同姓村落增多了，宗族内部的职能也强化了。到了 20 世纪 40 年代，外国学者尚有如此印象：“在中国，即使在今天，一个人理应忠诚于他那庞大的宗族。这个宗族可以大到由数万人组成，宗族对这数万人拥有裁决管辖的权力，同时也从这些人那儿得到支持。在那个广阔的国家里各地情况不尽相同，但在大部分地区一个村落的所有居民都属同一宗族的成员。”（［美］本尼迪克特《菊与刀》）我们没有到农村做过调查，但从一些小说上的叙述推断，今日仍有其孑遗。

宗法关系存在，宗族在人们生活中占据着位置，血缘关系遂成为重大课题，辨明统系，分别亲疏，都有赖于家谱、族谱。修谱又是维护宗法关系的重要手段，比宗族的实践活动更能影响人们的观念，因为它能超越时空，把古昔祖先和散落在各地的族人都包容在内。我国的家谱、族谱这类文献可以说是汗牛充栋，其中以曲阜孔氏家族的谱系最为完整，先秦史籍《世本》即载有宋湣公到孔子的世系，嗣后直到如今在世的人，都谱上有名。吕思勉在二十年代这样写道："至于今日，苟非极僻陋之邦，极衰敝之族，殆无不有谱。"（《中国制度史·宗族》）可见在旧中国谱牒之盛，其覆盖面几乎遍及全国。

人们生活在宗法关系的氛围中，自然会产生浓郁的宗法情感，对血缘关系不胜依恋，视同姓宗亲为骨肉手足，形成一种心理态势。对宗族的归属感比同姓一家的盲且攀附具有现实性，因而积淀在人们文化心理结构中的认同意识也更强烈。修撰家谱、族谱，则从另一个方面加强了宗族情感，强化了寻根意识和认同意识，还使同姓一家的归属感情转化为一种新形式。《日知录》有"通谱"一条，摘录了史传中许多同姓通谱的例子，说明清之际"同姓通谱最为泛滥"。这是联宗的谱碟化，使现实中的联宗现象形成文件，传之久远。这种现象的"泛滥"，固然主要是出于现实社会生活的需要，为了壮大声气，互相扶持，而客观上起了维系民族大家庭的作用，也不容忽视。

宗族观念为中心的辐射，同姓归属感情的弥漫，联宗通谱的实践，使宗法关系远逸出时空限制，比它的社会存在不知要胀大多少倍，具有姓氏历史知识的文人则走得更远，追溯古昔得姓受氏之由，产生出一种泛宗法情感，甚至与异姓称族，与久远的古代曾经是同姓的异姓者联络感情。实际上，追溯到这个地步，距黄帝和炎帝那儿也只剩下一步之遥。我们说自己是炎黄子孙，与这种泛宗法情感有着千丝万缕的联系，只不过不易觉察罢了。

四
姓氏与政治生活的关系

统治者为了维护自己的利益，达到驾驭群下的目的，所采用的手段形形色色。幸乎不幸，姓氏也成了统治者用来表示好恶的工具，这是封建专制时代的特色之一。

荣宠赐姓

我们知道，在封建社会，皇族享有许多特权，皇帝赐给臣下宗室姓氏，也就是批准其加入了皇族，和皇帝有了亲情，或许能够沾溉皇室的权益，其恩宠可谓大矣。这空头人情，赐予者还表现了慷慨大度，起到褒奖有功、笼络人心的作用，获得者感激涕零，自比攀龙附凤，虽一无所获却又荣耀无比。

汉高祖刘邦刚把项羽消灭掉，就用这一招来收买人心，鸿门宴上，曾经和项庄一同舞剑，常以身翼蔽刘邦的那个项伯，被封为列侯，赐姓刘氏。(《汉书·高帝纪》)因为没有项伯通风报信，刘邦的军队在霸上就被围歼了。其后，娄敬建议定都关中，刘邦采纳，也给他赐姓刘氏。后来历代皇帝都不断地利用这种方式，史不绝书，我们只举几个比较特殊的例子。

武则天称帝时，改国号为周，武姓成为宗室姓氏。她还想让儿子以后做武家的皇帝，就把从帝位上废下来做了皇太子的睿宗李旦赐姓为武。这一次赐予者不是出于恩宠，却是为了武氏天下永远传下去；而接受者也不一定高兴，因为没有子承母姓的习惯，何况已经做过了李唐王朝的天子，忽而又退为太子，心里正不知有多少怨恨。当时倒是有个欢天喜地改姓了武氏的人，此人名叫傅游艺，他因上书诡说符瑞，劝武则天称帝，被赐姓武氏。(俱见《新唐书》)

和“武周革命”相关改姓的还有一件特例。唐朝开国功臣李勣，本名徐世勣(字懋功，即小说中足智多谋的徐茂功的原型)，因为率领部众及河南十郡投唐，被唐高祖赐姓李氏，为避唐太宗的讳，省掉了“世”字，就称李勣。武则天称帝以后，他的孙子李敬业起兵造反，要恢复唐朝。武则天下令除掉他祖父时封的官爵，并不准姓李，因而敬业复姓徐。徐敬业率兵进攻时，他的叔叔李思文却固守润州，挡住了去路。后来攻破了城，侄子抓住叔叔，骂道，你这么给武后卖力，何不姓武！却不想武则天平息了徐敬业的叛乱后，果然赐思文姓武氏，还升了高官。(《新唐书·李勣传》) 一家中的姓氏转瞬间变得如此复杂，完全是由于他们家中人都在政治漩涡中翻滚的缘故。皇权要加给人们荣辱，姓氏就被玩弄于股掌之上。文化传统的凝重，有时要被世俗的暴力打破，作为家族徽号的姓氏固然一直受到珍视，然而在现实的利害关系中却显得无足轻重。

姓氏的历史又告诉我们，其政治使命还远不止此，有时能够像王昭君出塞去和亲一样，起到缓和民族矛盾、调节民族关系的作用。北宋时，党项族的西夏政权与赵宋王朝的关系若即若离，赵家的姓氏几次被奉送过去，作“怀柔远人”的法宝，但又屡屡被抛回来，抹尽了天朝的面子。先是西夏首领李继捧向宋献五州地，做了宋朝的京官，而其族弟李继迁抗宋自立，做了西夏国王。宋太宗使用“以夷制夷”的伎俩，派李继捧带兵去攻打李继迁，就赐继捧姓赵氏，改个新名字叫赵保忠。后来李继迁与宋朝讲和修好，太宗故伎重演，“赐国姓，改名保吉”。没有几年，李继迁又引兵犯境，北宋朝廷就“削赵保吉所赐姓名”，以示惩戒。宋真宗时再次讲和，朝廷马上把国姓送过去，“复赵保吉姓名”。李继迁的孙子元昊不甘心于藩镇的地位，干脆做了皇帝，把早先

唐赐的李姓以及宋朝赐的赵姓统统斥去，改为嵬名氏。宋朝又一次觉得没趣，只好宣布削去赵元昊赐姓。(《宋史》)

赐姓在政治上的使用所呈现出的复杂现象远不止上述几类，限于篇幅，只好从略。如陈寅恪指出，西魏时期宇文泰曾两次在他的统治集团诸家族的郡望和姓氏上做文章，寻求精神文化上的统一基础，以达到“内安反侧，外御强邻”的目的。(《唐代政治史述论稿》) 此事牵涉面很广，影响深远，不是三言两语可以说得清楚的，有兴趣的读者不妨阅读陈著，此不赘述。

嫌恶改姓

封建皇帝由于嫌恶改人姓氏，一般是在诛杀之外表示深恶痛绝，欲令其永世不得翻身，子子孙孙都背黑锅，遗臭万年。此类行为总是与危及其统治利益的人和事有关，个别是出于私人感情。

南朝时嫌恶改姓的事例不少，往往和那个时期宗室之间争夺统治权的斗争有关。如刘宋武帝时，竟陵王刘诞功高震主，都督六州军事，手握重兵，对刘裕的帝位存在着潜在的威胁。矛盾激化以后，刘诞被手下部将所杀。刘裕仍不能甘心，贬其姓为“留氏”。(《宋书·竟陵王诞传》) 改“留氏”还不能看出在字面上包含多少恶意，只是和刘裕自己的“刘”有所区别而已。南齐时巴东郡王萧子响密谋造反，兵败投降被诛，朝廷除了绝属籍、削爵土等事后惩处外，又改其姓为“蛸氏”。(《南齐书·鱼复侯子响传》)“蛸”是古时的虫名，“蟏蛸”指蜘蛛，“螵蛸”指螳螂的卵房，都能表示不齿之意。梁元帝时，武陵王萧纪趁侯景作乱之机，在蜀中称帝。后来兵败被杀，元帝改其姓为“饕餮氏”。(《梁书·武陵王传》) 饕餮是舜流放的四凶之一，历来被认为是穷凶极恶的称号，用于萧纪，可见元帝对他僭号的憎恶到了何等程度。

武则天因嫌恶改了不少人的姓氏，联系赐姓来看，可谓爱憎分明，所改姓氏在字面上也能反映出强烈的感情色彩。在高宗执掌大权时，武则天为了排挤王皇后以及得宠的萧良娣，进谗言废掉了两个人，又杀害了她们，还改王皇后姓“蟒”，萧良娣姓“枭”。此一举措奠定了武氏专权的基础。改姓则反映出她当时的心情，对于那些妨碍她走向最高统治地位的人，仇恨是刻骨铭心的，在她看来，谁妨碍她夺取最高权力，谁就是毒蛇猛禽。垂拱年间，李唐王室有几个人密谋反对武氏专权，被武后派十万大军镇压，这些李姓子孙通通改姓“虺氏”。“虺”也是毒蛇、毒虫的别名。武后有一次改她侄子的姓，却不全是政治上的利害冲突，里面掺杂的个人恩怨为多。武则天有两个异母兄长，当年此二人以及他们的儿子惟良、怀运对武则天和她的母亲很薄情，武则天一直怀恨在心，显贵之后，仍是耿耿于怀。偏是武则天同胞姐姐的一个女儿封了魏国夫人，很受唐高宗宠爱，就要正式册为嫔妃，成为武则天的竞争者。武后就在下毒手除去魏国夫人的同时，嫁祸于惟良、怀运，把二人明正典刑，犹未泄恨，还改其姓为“蝮氏”。这样一个姓氏倒是的确能刻画出他们武家人的恶毒心肠，自相屠戮这样的事就是明证。（以上史实俱见《新唐书》）

三国时吴主孙皓十分暴戾，害怕握兵在外的孙秀和他争夺政权，派人伪装围猎去抓孙秀，结果走漏风声，孙秀半夜里携妻将子投奔司马氏的晋国。孙皓大怒，没处撒气，就改孙秀的姓为“厉氏”。（《三国志·孙匡传》及裴注）这样的例子很少，被改了一个注入恶意的姓氏，人却还活着。

还有一种嫌恶改姓的例子，却是由于迷信。五代时江西的危全讽等人被杨渥打败，信州的危仔倡投奔了吴越王钱镠。钱镠觉得危仔倡的姓氏字面意思不好，让他改姓了元氏。（《新五代史·吴越世家》）这很可能是钱镠对他偏安一隅的小朝廷老是担忧，觉得岌岌可危，又来了一个姓危的，认为这绝不是好兆头，干脆改了拉倒。

其他

改姓除了封建帝王的予夺之外，与政治生活有关的事例还有很多。如为了躲避政治迫害，改换姓名。最著名的有战国时期的范雎，为了逃出魏国，改姓张，名禄。他如果不采取这样的手段，恐怕很难免于一死，而且在做了秦国的相国之后很长一段时间，他都没有恢复原来的姓名。(《史记·范雎蔡泽列传》)

还有，为了远离政治生活而改姓的，实际上仍是出于政治方面的原因。即如范蠡，辅佐越王勾践灭吴称霸后，顾虑“狡兔死，走狗烹，飞鸟尽，良弓藏”的结局，就乘扁舟浮于江湖，变姓改名，自谓鸱夷子皮；又改称陶朱公，隐于商贾，终能得享天年。(《史记·货殖列传》) 再如明代初年江浦人章昶，不愿意仕进。但是明太祖朱元璋对读书人不合作的态度设有刑律，叫“寰中士夫不为君用”，要处以死刑。所以他只得“逃名更姓”，改为庄氏。(《名山藏》)

封建社会避帝王的名讳，是维护统治者尊严的惯例，无形中增强臣下的畏服心理，其政治作用是不言自明的。因避讳而改姓的事例不多见，则是因多数帝王名字比较冷僻，对社会的扰动面

小。即便如此,《通志·氏族略》仍登录了几条:

> 籍氏避项羽讳，改为席氏；奭氏避汉元帝讳，改为盛氏；庄氏避汉明帝讳，改为严氏；庆氏避汉安帝父讳，改为贺氏；师氏避晋景帝讳，改为帅氏；姬氏避唐明皇讳，改为周氏；弘氏避唐明皇讳，改为洪氏；淳于氏避唐宪宗讳，改为于氏；啖氏避唐武宗讳，改为澹氏。

五代时还有类似情况,《梁谿漫志》载，王审知据闽，建立政权，闽人避讳，姓沈的去掉了水旁，改姓尤氏。《金史·金履祥传》载，金家本姓刘氏，因避吴越王钱镠讳，改姓金氏。宋代初年还专为此下过诏令，凡浙中避讳改姓金氏者还复本姓（《宋史·吴越钱氏世家》)。宋代名臣文彦博家的姓氏本为敬，后晋时期避石敬塘讳，改为文氏；后汉时期复姓敬；宋代为避翼祖赵敬之讳，再次改姓文氏。(《闻见后录》) 这两次改姓的间隔时间不长，实属偶然，要算是这一家族的奇遇，然而绝不是令人愉快的奇遇。

改姓是进行政治活动的一种手段。进行秘密政治活动的人，变换姓氏，使用假名，都是很常见的，近现代革命家的例子不胜枚举。古代从事秘密政治活动的人，已经积累了这方面的经验。如明代嘉靖年间轰动一时的李福达大案，此人即精通秘密活动之道。被捕前，他往来于秦晋之间，在民间传播白莲教，曾经发动过起义，先改名李午，后来改姓张，名寅。由于改名换姓，李福达虽被逮捕，庇护他的人却以前后所犯事实并非同一人为口实，为他辩护，并一度胜诉。(《明史·马禄传》) 这固然关系到统治阶级内部之争，案情往往受人操纵，然而改名换姓也给审案造成很大麻烦，所以在秘密活动中使用化名一直是个法宝，至今没有退出历史舞台的迹象。

综观姓氏在政治生活中的遭遇，可以看出专制主义的阴影无处不在，人们连姓氏都无法保证，遑论其他！由此我们也可以深切感到，清除封建余毒是多么必要！当然，为了做间谍、特工而改名，那又当别论，这种与人类的阴谋诡计纠结在一起的改名现象，怕是要伴随着姓名走到底呢。

五
姓氏在民族融合中的作用

我国是一个多民族的统一国家，不但存在着多元的地域文化，而且存在着多元的民族文化。历史上还有过许多已经消融于此中的少数民族及其民族文化。在漫长的历史进程中，各民族的交往频繁，由于汉族的中心位置，其与周边少数民族的交往更多，互相之间的影响造成了民族融合的趋向。加之民族的迁徙流动，少数民族与汉族争夺统治权，民族融合的步伐有时进行得很快。民族融合的主要方面是广义的民族文化的融合，姓氏在民族文化的融合中有着不可低估的作用。民族语言、文字等多方面的差异是姓氏具有民族特征的根源，如果有了同样的姓氏，语言、文字等方面的隔阂实际上已经消除了。如果我们用姓氏作为衡量民族文化融合的一个标尺，大致是不会有误的。当然，历史上也出现过改变姓氏来促进民族融合的现象，但不是普遍现象。历史上有少数民族的汉化，也有汉族的少数民族化（或称胡化），下面我们就从这两个方面谈谈姓氏的作用。

少数民族改汉姓

先秦时期我国境内各民族的融合包容在形成汉民族统一文化的进程中，当时姓氏的使用情况与后代不同，各家族的氏变动不居，因而很难看出姓氏在其中的作用。

两汉魏晋时期，由于种种原因，周边少数民族人口大量迁入内地，在长城以内杂居。有人说："关中之人，百余万口，率其少多，戎狄居半。"（《晋书·江统传》）内迁的少数民族处境比较艰难，当兵是主要出路，有人沦落为奴隶（如石勒）。趁晋室纷争时机，中原地区出现了所谓"五胡十六国"，少数民族的枭杰人物挥兵驱驰于北部中国。在社会大动荡的痛苦过程中，却孕育出民族融合的婴儿。如建立前秦政权的苻洪，他的姓氏很有典型意义。苻洪是氐族人，原称蒲氏，改姓是由于谶纬迷信，谶文有"草付应王"的说法，遂姓苻氏（《晋书·载记十二》）。相信谶纬之说，证明苻洪对汉文化的了解已经很深。而前秦苻氏所包含的汉文化内涵，又能表示氐族在建立政权前夕的汉化程度。再如石勒，羯族人，初名㔨背，无所谓姓氏；祖父耶奕于，父亲乞翼加（一名周曷朱），用汉族的文化传统来衡量，看不出家庭中的血统关系。㔨背直到做将军领兵时，才“以石为姓，勒为名焉”（《晋书·载记四》），这个汉族式的姓氏因此固定下来，成为后赵政权的皇室姓氏，子孙都一如汉族习惯，以石为姓，相沿不改。

北魏孝文帝是用行政手段来推进鲜卑族的汉化，迁都洛阳后，令鲜卑族人改服汉装，改说汉语，变革政治制度，等等。在推行汉化的措施中，其中很重要的一条是改姓氏，如拓跋氏改为元氏和长孙氏，丘穆陵氏改为穆氏等，把一百多鲜卑族姓氏改变成汉姓式样。改姓最直接的目的是要和南朝一样，建立门阀制度，实行九品中正制，按照门第选才任官。这样一次大规模的改姓，加快了民族融合的步伐。如北魏太武帝时改为源氏的秃发氏，在北齐时有源师，其人做尚书左外兵郎中这个官，因与录尚书事高阿那肱讨论真龙出现问题，竟然被斥为“汉儿”（《北史·源贺传附源师传》），已认为他是汉族人。

五代时，建立后唐政权的李存勖本是沙陀人，李姓是唐朝赐给他祖父的。他的政权建立以后，俨然以李唐王朝的传人为号召，奉唐高祖、太宗、懿宗、昭宗与他自己的曾祖、祖父、父亲合称为七庙。后唐李氏的举措，居然是不以异族自居，而且对周边民族摆出了大汉族的架子，后唐明宗（李嗣源，李存勖养子）

先是给契丹突欲赐姓名为东丹慕华，后来又改赐姓李，名赞华（《新五代史·四夷附录》），就是个十分有趣的例子，赐名中的含义很明确，就是要契丹首领向慕华夏，襄赞华夏。推究真意，此处所谓华夏，其实就是指他的后唐政权。尽管后代史家对这个沙陀家族好感不多，但在当时他们是一心维护汉族统治阶层的利益，并且把唐王室赏赐的那个姓氏看得很宝贵，同样赐予其他民族的人士。那时的政治形势要求他们融入汉族，长远地看，走上民族融合道路的意义却远远大于其政治目的。

明朝取代元朝统治以后，内地的蒙古族居留者尚多，这些人顾虑民族歧视，多有改姓更名者。朱元璋特地在洪武元年下了一道诏书，说："已尝诏告天下蒙古诸色人等皆吾赤子，果有材能，一体擢用。比闻入仕后，或多更姓名，朕虑岁久，其子孙相传，昧其本原"（《日知录》），所以不必改变姓名。这一事实能够告诉我们，社会政治条件的变化也是促进民族融合的一个重要因素，姓氏在某种时候可以成为民族的界标，改变姓氏能够幸免民族偏见和歧视。

辛亥革命以后，满族人民也是在这种环境中生活，当时改从汉族姓氏成为时尚。如清宗室爱新觉罗氏，有改为金姓的，有改为罗姓的，也有改为肇姓、德姓、洪姓的，如不按簿稽考，谁能分辨出这些汉姓是出自清王朝的天潢帝胄？然而改从汉姓，也是在语言、生活习俗、文化传统等方面基本上与汉族没有差别以后，才能成为顺理成章之事。

汉族改少数民族姓

在历史研究中，我们注意得比较多的是少数民族的汉化，实际上也存在过汉族的少数民族化（或称胡化）。如建立北齐的高氏，本是渤海蓨县的世家，乃当时华夏高门望族，然而数代生长于鲜卑，终于自认是鲜卑贵族。如《北齐书·杜弼传》载：

> 显祖（高洋）尝问（杜）弼云："治国当用何人？"对曰："鲜卑车马客，会须用中国人。"显祖以为此言讥我。

瞧不起鲜卑人的治国本领，高洋就以为是讥刺他。这是一个没有改变姓氏的汉族人，他却以鲜卑族自居，很能说明问题。

在少数民族聚居区生活的汉族人，受到少数民族文化的熏陶，遂改姓氏，成为土著民族的一分子，在史传中间有记载。如《周书·梁御传》：

> 梁御，字善通。其先安定人也，后因官北边，遂家于武川，改姓

为纥豆陵氏。高祖俟力提，从魏太祖征讨，位至扬武将军，定阳侯。

梁御的家族在他的高祖之前已经成为鲜卑族人，是典型的融入少数民族的汉人，后来又随鲜卑族的汉化，复归入汉族。

还有更早的少数民族化的例子，《北齐书·綦连猛传》载：

綦连猛，字武儿，代人也。其先姬姓，六国末避乱出塞，保祁连山，因以山为姓。北人语讹，故曰綦连氏。

此人名字中的尚武气息，一望而知是游牧民族的骠悍风气。他“少有志气，便习弓马”，尔朱荣收他为亲信，看做鲜卑族的勇士。

北齐时独孤永业的改姓，是由于家庭的变故，《北齐书》本传载：

独孤永业，字世基，本姓刘，中山人。母改适独孤氏，永业幼孤，随母为独孤家所育养，遂从其姓焉。

可见在南北朝时期，民族杂居地区内，各民族之间的通婚是很正常的现象，也是民族融合的一条途径。

改姓氏是习染特定民族的必然结果，即使并非完全自愿的改姓也是如此。如唐高祖李渊的祖父李虎，在西魏时期曾受赐姓，为大野氏，一直到隋文帝杨坚在北周执政时期，才允许其复姓李氏。(《新唐书·高祖本纪》) 而李家累世与少数民族通婚，高祖之母为独孤氏，太宗之母为窦氏（即纥豆陵氏），高宗之母为长孙氏，都是鲜卑族。这个家族对鲜卑族文化的感情，于此可以推测，所以朱熹认为李唐王室熏染了少数民族的文化，很不以为然，直斥“唐源流出于夷狄，故闺门失礼之事不以为异”(《朱子语类》)。

辽、金、元三朝都是少数民族建立的政权，虽然采用了不少汉族文化中的政治措施，也任用汉族官员联合统治，但仍坚持其民族的相对独立性。这样的一种立场，表现在姓氏问题上也很清楚，如金大定年间不准女真族人将姓氏译为汉姓（《金史·世宗本纪》)。三朝都屡屡把少数民族姓氏赐给汉族人士，此类措施无疑促使汉族中发生少数民族化的现象。当然，当时的民族对立情绪和汉族悠久的文化传统使这类现象减少到不为人所留意的程度，然而在史传中还是能够见到。如《日知录》载，明洪武元年诏，蒙古服、蒙古语、蒙古姓一切禁止。“禁不得蒙古姓者，禁中国人之更为蒙古姓，非禁蒙古人之本姓也。”由此我们可以得悉，在元代确有一部分汉人已经蒙古化，改姓氏是蒙古化的必要条件。

汉族的少数民族化，相对来说是形成中华文化的支流。但民族融合是一个双向交流的过程，历史上曾经熏染过汉族人民的各族文化，正是中国古老文化的组成部分。而汉族一部分人的少数民族化，也同样是少数民族文化发展的重要因素。考察民族融合中姓氏的作用，使人们对这个问题的认识能够落实到具体细节上，从姓氏的个案中找到很好的佐证。

第二章

文化演进中的名字

姓氏在我们的文化传统中是父系家族的符号，基本上是由血缘关系决定的，而名字则是个人的符号。即使姓氏是以共性为特征，已有上述如此诸般的文化内涵，那么以个性化为特征的名字，其文化内涵就更加丰富了。

名字有没有时代性？这个问题遽尔难以回答。因为历史上不同时代而同名的现象太多，仅同姓名的编为一部辞典，就会是一个大部头，具体到某一个名字，的确很难说得清楚。但是，名字毕竟是一种文化现象，它在文化发展的历史长河中载沉载浮，不可能不表现时代的精神。如我们看到僧虔、僧辩一类的名字，绝不会认为它出现在佛教传入我国之前，因为“僧”字以前没有在文献中使用过，是为翻译佛教术语 Saingha 创造出来的。再如中华人民共和国成立后出现了一大批“向东”、“卫东”之类的名字，一望可知是那个时期特有的产物。即如命名的方式和习惯，也不是亘古如斯，现在谁还有名又有字呢？随着宗法关系的解体，族名也很少见了，同行辈的族人从名字上再也无法一目了然。与其他文化现象比较，名字形式的相对稳定性与内容的多样性又很特殊，很难作断代的定性分析，所以我们只能就某个时代较为集中的命名意向，略述其文化内涵。

一
上古名字溯源

名字出现在人类的童年，但确切地说是从人类历史上的哪个阶段开始，每个人就有了自己的名字，现在还是一个谜。从民族学的资料来看，原始社会的母系氏族阶段，人们已经确定了每个人的名字，并在交往中使用。我国云南宁蒗县永宁纳西族的中心地区，母系亲族占主要比重，那里的人都有名字（参见宋兆麟等著《中国原始社会史》）。

名字的产生，是人们个体意识萌发的表现，又是人际交往的需要。我们推测，在血族婚制占统治地位的原始社会阶段，人们与外族的交往表现为整体性而非个体性，最需要突出个性和个体意识的求偶活动没有走出氏族之外；加之生产力极端低下，不会有每个人自己占有的生产资料和生活资料，名字产生的可能性极小。到了族外群婚的时期，生产力虽没有多少发展，然则对于异性的吸引以及男女之间的选择性促进了个体意识的发生，从而产生了命名的需要。

多数学者认为，个人的私名出现在氏族的公名之后，这是因为人类首先萌发的是群体意识，个人的一切活动取向与氏族其他成员都是统一的，这是由人类群体活动的特征决定的。恩格斯曾说过："为了在发展过程中脱离动物状态，实现自然界中的最伟大的进步，还需要一种因素：以群的联合力量和集体行动来弥补个体自卫的能力的不足。"（《家庭、私有制和国家的起源》）群体意识产生了氏族的公名，每个氏族成员都把这名号作为自己的名称。只有到了个人的独立性被确认，个体意识萌发出来，才进入为每个氏族成员命名的历史阶段。

考察我国远古时期人物的名号，与上述发展过程大致符合。远古时期的人物名号大都须采用传说中的材料，但只要我们细加分析，这些名号又都有广义的真实性，能够告诉我们远古洪荒时期各个不同阶段的文化特征。

传说中的人物，可以大致分出三个阶段。第一个阶段，人物的名号直接反映一个历史时期的文化特征，每一个人物可以看做特定时期的象征。如有巢氏，是人们开始营建住所的标志，"上古之世，人民少而禽兽众，人民不胜禽兽虫蛇，有圣人作，构木为巢，以避群害，而民悦之，使王天下，号曰有巢氏"（《韩非子·五蠹》)；燧人氏，则是人们懂得了钻燧取火的标志；伏羲氏又称庖羲，既是结网捕鱼，又是烹饪食物的象征；神农氏是农耕文化初起的标志。这个阶段的文化，表现为以群体的力量征服自然，氏族的活动都围绕着这个目的，各个社会集团没有表现出多少差异，因而流传下来这些象征性的人物名号。

第二个阶段，是氏族活动兴盛的时期，各民族或更大的部落表现出各自的特点，相互之间的战争更是前所未有的新内容。炎帝和黄帝是上一阶段过渡到这一阶段的标志，所以古史传说中的神农氏和炎帝是同一个人物。炎帝和黄帝的阪泉之战，揭开了一个新的历史时期的序幕。这个时期的人物名号如太昊、少昊、颛顼、祝融、共工、蚩尤等，这些人物或为帝，或争夺帝位，总之代表着强大的力量，其名号大约即是氏族的公名。他们都有各自的图腾，“昔者黄帝氏以云纪，故为云师而云名；炎帝氏以火纪，故为火师而火名；共工氏以水纪，故为水师而水名：太皞氏以龙纪，故为龙师而龙名。我高祖少皞挚之立也，凤鸟适至，故纪于鸟，为鸟师而鸟名”(《左传·昭公十七年》)。传说中这个时期的战争很频繁，比如黄帝战蚩尤，共工与颛顼争为帝，怒触不周之山等等，给人们留下深刻印象。在这个民族精神大张的阶段，每个人物都代表一个强大的民族，他们的名号也就是氏族的名号，从传说中看不出什么区别。

第三个阶段，在原始社会末期，国家的雏形在孕育中，出现了尧、舜、禹这样的伟大人物。他们都建立了光辉的业绩，个人的名号与他们的人格和声望紧紧联系在一起，因为那些业绩都有明显的个性特征，如大禹治水三过家门而不入等。

联系民族学与古史传说，我们发现，传说中的人物与民族学有关命名的知识在发展次序上是一致的，但这两条线不重合，传说的线索慢一拍，大约应该归于每一阶段的传说都受上阶段文化传统影响的缘故。在一个时代的传说中，倒映出上一个时代的社会文化环境，这是文化的滞后性质。所以我们不必以传说为信史，然而各个阶段人物名号的逻辑次序，却是我们应该关注的，它和民族学的有关知识共同帮助我们理清人名的起源——由公名发展到私名的过程。

二
先秦时期的命名特点

干支命名

《史记·殷本纪》所记载殷商时代帝王的名称差不多都包含着天干十字中的一字。如成汤以前的报丁、报乙、报丙、主壬、主癸等虽未称王，但已有此习惯；成汤名天乙，其后历代商王从外丙至帝辛，莫不如是。

帝王之外，臣民用天干命名的也有，《尚书·高宗肜日》中记载了一位祖己，给高宗武丁讲了一篇大道理。讲者和听者两个人，名字都有天干之字，即“己”和“丁”。武丁是商王，而祖己不是，也用天干为名。在殷商的青铜器上，铭文中有很多用天干命名的人名，金石学家就用这人名作为器物的主名，如父辛鼎、父癸彝、父丁爵、庚斛、弓父庚卣、豕形父已爵、虎父丁爵、龟父丙鼎民，等等。

地支被用来命名的不多见，但在甲骨卜辞中出现过，贞卜人物有名“午”和“卯”的。看来在当时用天干命名比用地支普遍得多，所以我们主要讨论天干命名的问题。

有关商王用天干命名的解释，古今学者议论纷坛，有主以生日为名的，有主以死日为名的，有主以庙主为名的，莫衷一是。我们还是慎重一些，用去古未远的汉代人的成说。《白虎通·姓名》云：“殷以生日名子何？殷家质，故直以生日名子也。”还论述了天干与“质”的联系，说：“何以用甲乙为名……不以子丑何？曰：甲乙者，干也；子丑者，枝也。干为本，本质，故以甲乙为名也。”可见汉代人认为殷人以生日命名是常识，对此无可怀疑，需要解释的是所以然之故。晋代皇甫谧也说，上甲微，“其母以甲日生故也。商家生子以日为名，盖自微始”（《史记》索隐引）。汉晋时期的说法，都指出殷商时期有以生日的天干命名的习惯。

用天干命名反映了怎样的一种文化心理？这是我们最关心的问题。在班固《白虎通》中，汉代儒者的意见可备参考，他们认为殷人质朴，以天干命名是不尚文饰的表现。在纪日中，天干就如同树干一样。

萧遥天对这个问题做了深入的探究，提出四点看法，他说：

> 我觉得，殷帝王的命名必用天干，在成汤（天乙）建立王朝之后，似乎已成一种制度，象微子启，是帝乙的长子，《殷本纪》谓："启母贱，不得嗣。少子辛，辛母正后，辛为嗣。帝乙崩，子辛立，是为帝辛，天下谓之纣。"兹凭这一段记载，试作臆断：
>
> 第一，大概殷的贵族，其属于帝王的嫡系子孙，不论是兄弟相及，或父子相承，凡具有帝位继承人资格的，必以天干为名，庶系则不取天干，以示分别。故微子为庶系，名启；纣为嫡系，名辛。
>
> 第二，殷政质朴，君主的淫威尚未充分发挥，这种帝王及储君用天干为名的独享制度，也仅推行于帝族之内，臣民不禁，故臣民也有用天干、地支命名的。
>
> 第三，臣民命名用干支，纯由于喜欢以生日为名，是殷民族当时的习俗。按记志日辰，如丙子、丁丑，每日都须干支并列才算完整，而习惯则有单提天干或单提地支的，单提天干的尤普遍，故用天干命名的自然比用地支的多了。
>
> 第四，以生日为名似乎系殷民族特有的习俗，殷民族上下群相仿效，外族绝少受影响者，故同一时代，外族命名便不取干支了。这是伊尹、傅说、蜚帘、恶来、崇伯虎、苏护……等不名干支的缘故。(《中国人名的研究》)

以上四点，第一点、第四点为合情理，只是第一点还有证据薄弱之嫌。

虽然汉代人已经说过殷人质朴，但从我们现在掌握的考古材料来看，毋宁说殷人奢华。今天我们能够看到许多殷商时期的出土文物，以妇好墓为例，墓中精美的铜器和玉器令人目不暇给，应该据此修正以前的看法。所以我们认为用天干命名，与所谓殷人尚质没有关系，因为殷人并不崇尚质朴，而是后人附会上去的。我们推测，殷人喜用天干命名，正和他们喜尚奢华有某种隐秘的联系。

我们知道，商代青铜器发展到高峰时期，其精美程度往往令人叹为观止。且不论形象逼真的动物造型的铜器，即一般造型凝重的青铜礼器，表面纹饰繁缛细致，工艺水平的高超令人惊叹。难道这仅仅是工匠们技艺的发展吗？我们不能不说这是当时社会风尚的反映，如果王室贵族没有那样的心理，不欣赏藻饰华丽、精巧雅致的器物，制作此类青铜器的工匠早已失却了生存的前提。

干支在商代卜辞中用来纪日，用得十分纯熟。但是，这在殷商时期绝不是后人想象的那样，是童蒙习知的基础知识。这样的文化知识，那时还是贵族独占的，一般民众并不了解，所以天干的运用，以代替十个最基本的序数，是一件华彩的外衣。正像宋代司马光撰写《资治通鉴》要用岁阴岁阳纪年法，民国年间军阀、政客发电文用韵序纪日一样，是追求文雅的方式。用生日天干命名，是殷商社会上流阶层的好尚，是王室贵族的文化素养使然，与殷代爱好奢华、崇尚藻饰的精神是一致的。

我们提出这样一种假说，臆测的成分也很大，不过考古资料所反映的时代特征，应该说更为可靠。

名字互训

周代命名的方式及人名的形式都是很经典的，因为这个时期的历史资料比较丰富，而且人名的知识也是儒家经书里讨论的内容，保留在其中的周代命名习俗成为文化传统，相沿至近现代。周代人名的形式是一个人既有名，又有字。《礼记·檀弓》所载周人的命名方式是，“幼名，冠字”，有的学者认为这是氏族生活习惯的孑遗，冠礼是为氏族成员举行的成年礼，行冠礼时命字是把成年的仪式与命名的仪式同时进行。《仪礼·士冠礼》说：“冠而字之，敬其名。”进入成年期的社会成员就受到社会上一定程度的尊重，他的名就不能轻易被地位平等或低下的人提及，这些人只能称呼其字，这就是“敬其名”。

名与字的关系，《白虎通·姓名》说：“闻名即知其字，闻字即知其名。”春秋时期人的名字确实是这样，只是因为时代久远，语义变迁，乍然看去，似乎并不如此。因此，就有有心人出来发覆释疑，解决这个问题。清代训诂学大家王引之撰《春秋名字解诂》，用训诂学的方法疏通证明，把许多名字的字义解释得很是通畅，又在此基础上，探讨许多文字的古义，很有创获。后来学者俞樾等人补充订正，又做了一些工作，为我们理解春秋时期的名字提供了十分优越的条件。

王引之指出春秋名字在语义上的联系有五体六例，我们就略叙五种体式，六种变例从略。五种正体一曰“同训”，名和字同义互训。孔子弟子宰予，字子我，予、我都是第一人称代词；晋国的蔡黯，字墨，黯与墨都有黑意，等等。二曰“对文”，名和字是反义词，反义相对，对立的统一。又训诂学中有反义相训的方法，从相对的字义中引出正面的释义。楚公子黑肱、郑公孙黑的字都是子皙，皙的字义是白肤色，白与黑相对；孔子的弟子端木赐，字子贡，赐是上对下的给予，贡是下对上的给予，贡和赐在上与下的意义上相对，等等。三曰“连类”，名和字在字义上隐含着一种联系，或是字义的部分重合，或是用法的某种一致性。如楚公子侧，字子反；鲁孟之侧，字反；反侧作为名词意义有别，用作动词则基本相同，如《诗经·关雎》“辗转反侧”句里的用法，正是命名的取义；又如鲁南宫括字子容，括与容在包纳的意义上是重合的。四曰“指实”，名和字虚实相生，动静配合，互相联系。如齐公子固，字子城，由城墙的实物而产生坚固的印象，是虚实相生；又如孔子的弟子冉耕，字伯牛，耕地用牛，动静配合。五曰“辨物”，名与字是部分和整体的关系，或是类概念与具体概念的关系，如孔子的儿子孔鲤字伯鱼，鲤是鱼的一种；卫蘧瑗，字伯玉，瑗是玉器的一种，等等。

事实上，五种体式只能概括一部分名字的命名规律，不过已足够提醒我们注意它的文化背景了。这些名字很明确地提示我们，春秋时代语义学的研究已经开展，命名时都能考虑到字义的相互关联。春秋时期分析语义的例子还见于政治生活中，如《左传·宣公十二年》记载楚庄王的言论：“夫文，止戈为武。”《昭公元年》记载一段对话：“赵孟曰：‘何谓蛊？’（子产）对曰：‘淫溺惑乱之所生也。于文，皿虫为蛊；谷之飞亦为蛊；在《周易》，女惑男、风落山谓之蛊。皆同物也。”当时人注意分析语义可见一斑。我们从春秋时的名字和上述言谈中可以感受到那时的文化氛围，联系更广阔的文化背景，愈益使我们加深这种认识。

周代是我国历史上文化大发展的时期，保留在儒家典籍中的文物典章无一不是周文化的映像，三《礼》中上至国家制度，下至婚丧冠服的礼仪节文，可以看做那个时代的文化结晶。在出土文物中，我们看到等级森严、配合有序的鼎簋配伍随葬制，青铜器上洋洋几百字的铭文堪称鸿篇巨制。更无须说《诗》三百篇的文学成就，歌咏爱情，讥刺朝政，千百年来讽诵不辍。孔夫子说

“郁郁乎文哉，吾从周”，我们确有同感。正是这样的文化背景，才会产生孔子、墨子、老子以及战国诸子，才会产生百家争鸣的文化繁荣期。春秋时期名字在语义上的精细程度，从一个侧面展示了当时人们的文化素养。

质朴无文的背景

两周时期，大部分人的名字都很质朴。虽然命名命字取义很有意味，基本上符合“闻名即知其字，闻字即知其名”的说法，但与汉代以降的名字比较，夸饰的成分绝少，对道德的期许、功业的希冀、富贵的企盼也很少看到。简单地说，可以归结到上古民风淳朴。命名取字虽不是应该努力追求实事求是的文化范畴，但那时取名无哗众取宠之意确乎是有的。深究起来，又不能满足于这样的结论。那么，有哪些社会的文化的起因呢？似乎不大好说。时变世迁，各样事物都有踵事增华的趋势，古代质朴倒是合乎情理，可是这样笼统的说法实难取信于人。

我们在《左传》里看到申繻说的一段话：“名有五：有信，有义，有象，有假，有类。以名生为信，以德命为义，以类命为象，取于物为假，取于父为类。”（《左传·桓公六年》）如果我们不拘泥于注疏的解说，引而申之，就发现那些质朴的名字与申繻说的五种命名类别有一定联系。我们先看第一条，“以名生为信”，杜注“若唐叔虞、鲁公子友”，这两个人生下来手有纹似虞字和友字，故名。如果扩大一点范围，去掉神秘性，此条可理解为以出生时的特点命名。这样我们就好理解许多名字，如卫公子黑背、楚公子黑肱、晋成公黑臀、鲁漆雕哆、孔子弟子曾点等。漆雕哆，哆字是张口的意思。为什么取这么个名呢？只有用“以名生为信”才好解释，大约此人出生后老张着嘴巴，父母就给他取了这么个名。曾点字皙，皙是肤色很白，点则是对举，皮肤上有痦痣之类，也是生下来就有的。其他名字更是一目了然。还有一个眼前的例证，郑庄公名寤生，是因为出生时他的母亲受了惊吓，所以如此命名。第二条，“以德命为义”，注疏举文王名昌，欲令昌盛周；武王名发，以为必发诛暴。推而广之，寄托某种寓意的名字都属此类，德应是指某种意义，幼而取名，不可能对名主的一生预言不爽。如鲁漆雕启，字子开，开启有寓义；晋伯宗字尊，施之常字子恒，都是此类。晋狐偃字子犯，偃当读为隐，隐与犯是处世之道，“事亲有隐而无犯，事君有犯而无隐，事师无隐无犯”（《礼记·檀弓》）。第三条，“以类命为象”，注疏说孔子生下来时头顶像附近的尼山，所以名丘（丘与山同义），字仲尼。此类是要从幼儿身上想象出一个形象来，用以命名。先秦时期名字中的实物形象颇多，如朱张字子弓，楚公子比字子干，弧弓与干楯确为实物，但是否为命名时想到的形象，即按“以类命为象”取名，却无法坐实。正像孔子的头顶，只有他父母看去才像尼山，因此于千百年之后，只能存疑。第四条，“取于物为假”，假借任何事物来取名命字，此类最为宽泛，也最常见。注疏举孔子的儿子生下来时，恰巧有人送来鱼，就给儿子取名为鲤，字伯鱼。其他人借鱼为名的也很多，如梁鳣、晋羊舌鲋都以叔鱼为字，楚公子鲂、卫祝鮀都以子鱼为字。宋公子段字子石，段当读为碬，是磨刀石，是借此物为名。孟轲，据说字子车，也是借物为名。孔子的弟子卜商字子夏，夏商是两代之名，借来命名取字。第五条，“取于父为类”，此条颇费思量，注疏都含糊而过。如果从字面上理解，大概是说幼儿命名，取其父的任何一点为义，所以叫“取于父”，以此来标志父子的某种同一性，即所谓“为类”。此类名字如无本事相传，则没有办法索解。但《左传》中鲁桓公生子与他是同一生日，命之曰“同”，杜注和孔疏都认为这是“取于父为类”的命名体式。所以这一类姑从阙疑。

从上述情况可以看出，申繻所说命名的五种类别在当时起到一定的规约作用，对于我们理解那个时期的名字内涵有很大助益。有学者认为申繻所云是主观的命名法，是人为的命名标准，这恐怕与事实不大相符。很有可能这是相沿已久、约定俗成的命名习惯，到春秋时期已成为一种文化传统，因此我们得以看到那么多质朴无文的名字。王引之总结春秋时的名字现象，是从语义学的角度去考察，所归纳的五体主要是从名与字在语义上的联系来考虑，而申繻所云才是当时人们命名的用意所在。如果将二者混淆，势必会以申繻的说法为主观规定。当然，命名的类别只有相对意义，文化传统只是作用于人们的有意识和潜意识之间，不能把所有的名字都概括无余。但对命名形成了那样一种文化传统，在很长时期内的规约作用是应该给予足够估计的。这又不同于儒家独尊之后，人们用经书所载这五项原则去命名，其文化环境的差异是显而易见的。春秋时期有关命名的这种文化传统，是由周代的礼制文化派生的，申繻把这一点说得很清楚："周人以讳事神，名，终将讳之。故以国则废名，以官则废职，以山川则废主，以畜牲则废祀，以器币则废礼。"春秋时期礼崩乐坏。礼制文化之源干涸，人们命名时很少顾及与礼制的冲突，只是习惯地采用命名成法，这又是我们需要注意的。总之，我们认为，春秋时期流行的有关命名的文化传统，是我们理解先秦名字质朴无文现象的一个途径，反过来说，又是我们认识周代礼制文化盛衰的一个侧面。

三

名字的时代性特征

汉代命名的阔大气象

近来看到朋友所著的一本介绍史学新方法的书，其中述及心态史学时，有这样一段内容：

> 两汉时代的民族心理与唐宋之后的一个很大不同在于，“魄力究竟雄大，人民有不至于为异族奴隶的自信心，或者竟毫未想到，凡取用外来事物的时候，就如将彼俘来一样，自由驱使，绝不介怀”（引鲁迅《看镜有感》语）。这种“二汉开边，功名万里”的博大胸怀，在当时人们的姓名称谓中也得到反映。汉代各阶层中，“奉世”、“奉汉”、“安汉”、“广汉”、“勇”、“超”、“雄”、“猛”甚至以“豨”（野猪）等猛兽为名的频率是相当高的，即使在知识阶层中也不例外。这种状况与后

世形成了鲜明对照。(彭卫、孟庆顺《历史学的视野》)

翻开两《汉书》，仅从目录上看到列传的人物，此类名字触目皆是，尤其重名的现象很多，确实反映出那时的社会心态。看到这些名字，汉代人雄浑阔大的气派、蓬勃向上的精神扑面而来，那种高度的自信心，若不是源于生活在蒸蒸日上的繁荣社会里，那真是匪夷所思。我们就排列一下两《汉书》中有关传主的名字：

一类是对国家的积极态度，如西汉时期的韩安国、于定国、赵广汉、赵充国、孔安国等；

一类是反映豪迈气概的，如西汉的黄霸、扬雄，东汉的孔奋、侯霸、张霸、魏霸、王霸（二人）、单超、张超、班超、王逸、法雄、左雄等；

一类是反映尚武精神和勇敢气概的，如西汉的苏武、何武、夏侯胜、龚胜，东汉的张武、马武、窦武、韦彪、邓彪、贾彪、高彪、班彪、杨彪、班勇等；

一类是对伟大人物的景慕，如西汉时期的贡禹、张禹、赵禹、赵尧、周昌（昌为周文王之名）、陈汤（汤为商代开国君主）、张汤，东汉的邓禹、张禹、黄昌、王昌等；

即使被后代斥为大奸大恶的西汉王莽、东汉董卓，他们的名字也是际一代风会，气势不凡。

汉代是中华大一统帝国的初始阶段，处于封建社会的上升时期，生产力发展，经济繁荣，为社会注入了极大的活力；政治制度甫及定型，形成官僚政治而官僚主义尚未发皇，国家机器的效率还能差强人意，这些自不待言。汉代的文化承接春秋战国时百家争鸣的余绪，各家各派的思想学说不乏传人，虽有独尊儒术之举，但诸子百家之书并没有拉杂摧烧，仍在社会上传布流行，东汉时王充还能问孔、刺孟（见《论衡》），思想文化界的大一统是包容式的，并非专制式的，但有官学与私学之别而已。而且儒家在西汉时期也有大造作，天人合一、阴阳五行学说的气势足够恢宏，至今仍有人誉为“天人宇宙论图式”和“阴阳五行的系统论”，确实富有创造性，在总体上超迈前代。在这个富有进取精神的时代，人们的目光很少停留在自己的小天地里，而是努力建功立业，在尽可能大的空间中发展自我，在一部分人的名字中毫不掩饰地张扬出来。这样阔大的气象，表现的是充满自信的精神，确实是汉代所独具的。

单名盛行的历史因缘

东汉、三国时期，绝大部分人名都只是一个字，略略翻阅过

《后汉书》和《三国志》的人都有这样的印象。读过《三国演义》的人也会有同感，因为书中的人物都用历史人物的真实姓名。我们顺口说出的熟悉人物，几乎没有一个例外，如曹操、刘备、孙权、关羽、张飞、赵云、马超、诸葛亮（复姓）、周瑜、鲁肃，等等。

单名如此盛行，为什么呢？这个千古之谜倒不大为人注意，留心索解的就更少了。感谢海外一位华人学者——马来西亚学者萧遥天，他从《汉书·王莽传》中找到了谜底：

> 近读《汉书·王莽传》，始知单名之俗，出于王莽的倡导。原来莽辅政，便实施二名之禁，莽传有“匈奴单于顺制作，去二名”语，则二名之禁，已见于诏令。莽又谓他的长孙王宗，因自画容貌，被服天子衣冠，刻印三颗，与其舅合谋，有承继祖父大统的企图，事发，宗自杀，仍遭罪谴。有“宗本名会宗，以制作去二名，今复名会宗”，并贬官爵，改封号。这又表示去二名，是示朝廷的宠遇，恢复二名，则以示贬辱。（《中国人名的研究》）

我们在《汉书·匈奴传》里看到更详细的记载，王莽执政时下令中国不得二名，又让使臣告诉匈奴单于，说改了名字后一定重重有赏。单于就上了一道表章说：“幸得备藩臣，窃乐太平圣制，臣故名囊知牙斯，今谨更名曰知。”王莽大悦，厚加赏赐。对匈奴尚且如此，那么在汉朝内部的推行，肯定是更加不遗余力。而且把单名看成是荣宠，二名看成是贬辱，对于向全社会推行“单名”的所谓“制作”无疑有很大作用。

王莽为什么要禁止二名？这与他托古改制有关。而且推行单名也是他托古改制的一部分，所以匈奴单于改为单名，他就说是“顺制作”。我们知道，西汉末年，政治腐败，社会矛盾重重，王莽要进行社会变革，不顾当时的客观条件，要推行《周礼》中的古制，恢复井田，改革官制，实行五均六斡，改铸钱币等，在人名上复古是较先采取的试探性步骤。另外，王莽此人有个很大的特点，就是虚伪浮夸，爱做表面文章，特别喜欢在称谓上调花样，起先匈奴单于犯边，他就下令把匈奴单于更名为“降奴服于”，还改高句骊为“下句骊”，尤属可笑。禁止二名是王莽这一性格特征的反映。

禁止二名为复古措施之一，在王莽是有其根据的。《春秋公羊传·定公六年》有明文可征，“二名非礼也”。所以王莽下令禁二名，只能通行单名，认为这样才符合古代礼制。

但是，王莽改制的内容与他的新朝一样转瞬即逝，何以唯独禁二名在东汉甚至三国时期还能左右人们的命名习惯呢？这个问题就越出了王莽改制的范围，而成为文化史上的课题。两汉时期，儒学定于一尊，自然占据了社会文化的主导方面。当时立五经博士，《春秋》经只有公羊、穀梁二家列于学官，公羊学的势力又比穀梁为大，在汉代影响最大的儒者董仲舒就是治公羊学的。后代最受重视的《春秋左氏传》虽曾一度列于学官，但长期以私学授受，远不如公羊学显赫。所以《公羊传》中那么一句论断，凭借王莽的一道命令，遂成为数百年命名的定式，绝不是没有社会基础的偶然现象。顾炎武《日知录》中说，《公羊传》的论断没有道理，《左传》的说法才对，二名是指一人前后异名，并不是指二字之名。可是汉代人以至三国时候的人并不考虑《公羊传》所说是否即为古礼，人们盲从于王莽，完全是因为公羊学的社会影响，造成其论断的权威性。顾炎武从学术角度出发探讨的问题，那时的人大概从未考虑过。

五斗米道的遗迹

东汉末年，我国土生土长的宗教——道教问世。早期道教有二支，张角的太平道和张陵的五斗米道。五斗米道又称天师道，入教的人都要交纳五斗米，所以又被蔑称为米贼。张陵一家三世传道，到了他的孙子张鲁的时候，在汉中建立了政权。这个政权政教合一，张鲁自号师君，属下有治头大祭酒、祭酒，一般会众称为鬼卒。五斗米道以诚信、不欺诈为宗旨，犯法的会众可以原谅三次。在路途上设立义舍，为行人免费提供米肉，很有平均主义精神。所以“民夷便，乐之”(《三国志·张鲁传》)，风靡一时。

从汉末至南朝初年，早期道教对政治社会发生了很大影响，与之有关的重大事件如黄巾起义，“西晋赵王伦之废立，东晋孙恩之作乱，北魏太武之崇道，刘宋二凶之弑逆”(陈寅恪《天师道与滨海地域之关系》)等。在前后大约三百多年中，早期道教曾经是我国历史上举足轻重的势力。因此，在两晋南北朝时期出现不少信奉天师道的世家，陈寅恪指出有琅邪王氏、高平郗氏、吴郡杜氏、会稽孔氏、义兴周氏、陈郡殷氏、丹阳葛氏及东海鲍氏、丹阳许氏、丹阳陶氏、吴兴沈氏等。这些世家大族的信仰，通过当时崇尚门第的社会习惯力量的转换，必然会对社会心理产生巨大影响。

有一个细节很能说明问题。南北朝时期最重家讳，许多人听到别人言谈涉及他们父亲的名讳，不是狼狈而逃，就是痛哭流涕。这样的现象还传为美谈，为人所称道。但是，在命名时，又出现父子不嫌同名的现象，其中尤以两个字的名字中盛用“之”字最为怪异，往往三四代人名中都有这个字，毫不忌避。陈寅恪说：“六朝人最重家讳，而‘之’、‘道’等字则在不避之列，所以然之故虽不能详知，要是与宗教信仰有关。”(《天师道与滨海

地域之关系》）

据陈寅恪研究，“之”字普遍用于人名，是与五斗米道有关，南北朝皆然。南朝以琅邪王氏用“之”字最多，六世有晏之、允之、羲之、颐之、胡之、耆之、羡之、彭之、彪之、翘之；七世有崑之、希之、玄之、凝之、徽之、操之、献之、茂之、随之、伟之、越之、临之、望之；八世有陋之、肇之、桢之、静之、裕之、镇之、弘之、韶之、纳之、泰之；九世有悦之、瓒之、升之、标之，唯之、逡之、玮之；十世有秀之、延之、舆之。而大书法家王羲之这一支系信道最笃，与五斗米道缘分独深。《晋书·王羲之传》说“王氏世事张氏五斗米道”，很有传统，所以王右军喜欢和道士往返，流传下书经换鹅的佳话。王氏一门中又以右军之子王凝之的信仰笃诚，他任会稽内史，孙恩率兵来攻，竟不设兵守御，而是走入靖室，祈祷神道佑护，还对属下宣布：“我已请求了大道，答允派鬼兵相助，反贼马上就会不战自败。”最后被孙恩轻易攻破城池，自己也被杀害。有人认为五斗米道的孙恩杀死王凝之，可见王不是道徒。这样考虑不但未细读王氏传记，而且忽略了宗教信仰与政治立场之间的本质差别。

北朝著名道士寇谦之，是道教发展史上承前启后的重要人物，对五斗米道的教义做过重大改革。他“早好仙道，有绝俗之心，少修张鲁之术”（《魏书·释老志》），其父名寇修之，“父子俱又以‘之’命名，是其家世遗传，环境熏习，皆与天师道有关”(《天师道与滨海地域之关系》)。可见地无论南北，命名习惯都受到宗教信仰的影响。

南北朝时期的人名用“之”字很普遍，不见得都是五斗米道的信徒，而是由于一些世家大族或著名人物信奉五斗米道，命名带有标记，转而成为一种风雅时尚，趋赴的人越来越多，反而冲淡了它的宗教气氛。当时命名还不忌避的有“道”、“僧”二字，也往往是父子、祖孙共用。“道”字可能是五斗米道的印记，“僧”字则是信奉佛教，也许是沾染了道教信徒命名习惯才使用的。

唐代文人称呼排行的习俗

我们看唐人诗文，会发现那时候在文字酬答中特别喜欢称呼别人的排行。排行虽不是正式的名字，却也是起着代表一个人的作用，和名字同样重要。唐代有一种《讳行录》，名讳和行第平列，可见当时称呼行第的通行程度，大致与宋代以后的文人别号差不多。

以《李太白集》为例，其中酬唱赠答的诗文以行第称呼者比比皆是，有的称行第加名字，有的称行第带官衔，也有的仅称行第，如《早秋赠裴十七仲堪》《赠武十七》《江上寄元六林宗》《赠何七判官昌浩》《酬崔五郎中》《送鞠十少府》《白云歌送刘十六归山》《赠裴十四》《邺中赠王大》《赠别从甥高五》《北山独酌寄韦六》《夜别张五》《送崔十二游天竺寺》《鲁郡尧祠送吴五之琅琊》《金乡送韦八之西京》《鲁郡尧祠送张十四游河北》……

从以上随手摘出的例子看，还是以只称行第的居多，所以有许多唐人仅传下姓氏和行第，不知其为谁何，或者有的是著名人物，但名字与行第之间缺少联系的证据，使我们对唐代文人的交往不甚了了。为了帮助学者阅读研究，岑仲勉编有《唐人行第录》一书，不但便于检索，而且集唐人行第的大观，对于我们研究这种习尚很有助益。由此我们知道唐代著名的诗人都有行第称呼，如李白称李十二，杜甫称杜二，王维称王十三，孟浩然称孟六，韩愈称韩十八，白居易称白二十二，元稹称元九，李商隐称李十六，杜牧称杜十三，等等。

称呼行第的数字，大者有至五十的，如张曙称张五十郎。据岑仲勉的研究，唐人计算行第大多是依祖、曾所出以联排行，即是按同祖父的兄弟排行，或按同曾祖父的兄弟排行，所以能达到五十那样大的数目。至今民间俗称有“大排行”的说法，正与此相同。如此排行，是宗族间的长幼之序，反映出宗族生活和宗法思想，还有宗族间对同辈人兄友弟恭的要求。应该说，这样的称呼，起始于儒家孝悌思想与宗族生活的现实。

排行是宗族内部的称谓，在社会交往中称呼行第，则是那时的一种时尚。文人以排行互相称呼，有一定的社会基础。如宫廷中唐太宗称二郎，中宗称三郎，玄宗亦称三郎。《唐摭言》记载，唐高祖称呼裴寂为裴三，玄宗称呼宋济为宋五，德宗称呼陆贽为陆九。不过经常形诸文字，蔚为风气，要以诗人酬唱最为普遍。喜欢称呼行第，也是唐人的格调之一。这种称呼亲切随便，使人真有"四海之内皆兄弟"、"海内存知己，天涯若比邻"的感觉。这与唐代诗风的内在精神是统一的，是唐诗中青春气息，欢乐、自由格调的折射，不拘泥，不做作，直称行第，无拘无束的心态溢于言表。宗族生活的产物，转而成为豁达舒放的社会气氛的象征，亦为有意义的文化现象之一。

五代以"彦"命名的风气

"彦"字，古代字书释为美士，现在解作才德杰出之人，《尚书》中即有"俊彦"一词，是指优秀人才。用"彦"字命名，无疑是一个很好的字眼，寓望子成龙的意思，所以历代都有，不足为奇。

只是在五代时，以“彦”命名见于史册者极多，成为一时风尚。

这个问题在清代就受到了学者的注意，赵翼《廿二史札记》中专有一条“五代人多以彦名”，将见于史书中的此类名字汇集一处，十分可观，我们就从其中摘引一些，以见其凡。

唐末开风气之先，有宰相徐彦若、左拾遗徐彦枢、供奉官史彦琼、宦官支彦勋、魏博节度使乐彦祯、东川节度使顾彦朗等。

梁有著名的铁枪王彦章、大将谢彦章、沧州节度使卢廷彦、同州节度使寇彦等十九人。

唐、晋之间有中书焦彦宾、供奉官刘彦瑶、宦官马彦琼、右监门卫上将军王彦等二十八人。

晋、汉之间有泰宁节度使慕容彦超、保大军节度使张彦超、徐州节度使王彦超、先锋指挥使史彦超等二十六人。

汉、周之间有尚辇奉御金彦英、监军李彦从、左卫上将军扈彦珂、金吾卫上将军张彦成等十二人。

到宋朝初年，余风犹炽，“陈桥兵变”时有军校罗彦环、王彦升，后有龙捷指挥使赵彦徽、武信军节度使崔彦进等人；宋太宗时还有供奉官陈彦洵、崇化副使阎彦进等。

此风还影响达于四裔，少数民族也有，如辽有武州刺史王彦等，党项有拓跋彦昭等，回鹘有首领杨彦询，南宁蛮有酋长莫彦珠。

五代时这种命名风尚，赵翼只把它拈了出来，未作深论。马来西亚学者萧遥天专门研究人名，他的专著中对此亦未置一词，只复述了赵氏的发现。我们试对此略加分析。五代是人所共知的乱世，实际上是晚唐政治局面的延续和发展，动乱和割据是最主要的特点，宋朝建立以后还有很长一个阶段的消灭割据政权的战乱时期。常言道“乱世出英雄”，在那个时期确实英雄有用武之地，奋力争先，为将为帅不在话下，做皇帝也很容易。《廿二史札记》还有一条“一军中有五帝”，是指后唐庄宗李存勖做晋王时，他率领的军队中有后唐明宗李嗣源、后唐废帝李从珂，还有后晋高祖石敬瑭、后汉高祖刘知远，都是将校，真是“此古来未有之奇也”。在这样一个特殊的时代，希望建功立业，成为杰出人物，实在是很自然的社会心理，所以会有那么多以“彦”为名的人物。其中又以“彦超”最多，载于史册的同名者即有十一人，足以说明人们的期望是多么远大！

欧阳修说：“五代，干戈贼乱之世也。礼乐崩坏，三纲五常之道绝，而先王之制度文章扫地而尽于是矣。”（《新五代史》卷十七）战乱频仍确实给人民带来深重的苦难，然而纲常名教等封建秩序的破坏，无疑解脱了束缚人们手脚的枷锁。动乱给枭杰创造了机会，也给社会心理添加了兴奋剂，以“彦”为名大概正是这种情况的写照。

宋代有关命名的禁令

对人名的内容悬有令甲，有所限禁，是历史上少有的事，但在宋代确曾出现过这样的事。《十驾斋养新录》中有两条，“政和禁圣天等字命名”，“禁人名寓僭窃”，都是宋徽宗政和年间的怪事。

首先是政和八年五月，户部干当公事李宽奏：“欲望凡以圣为名字者，并行禁止。”奉圣旨依，成为禁令。

同年闰九月，给事中赵野说明了上项禁令的具体内容，奏称：“陛下恢崇妙道，寅奉高真，凡世俗以‘君’‘王’‘圣’三字为名字，悉命革而正之。然尚有以‘天’字为称者，窃虑一禁约。”依奏。是所禁原为三字，他又加了“天”字。

《容斋续笔》记载的禁令，内容又多。据云：“政和中，禁中外不许以‘龙’‘天’‘君’‘玉’‘帝’‘上’‘圣’‘皇’等为名字。于是毛友龙但名友，叶天将但名将，乐天作但名作，句龙如渊但名句如渊，卫上达赐名仲达，葛君仲改为师仲，方天任为大任，方天若为元若，余圣求为应求；周纲字君举，改曰元举；程振字伯玉，改曰伯起；程瑀亦字伯玉，改曰伯禹；张读字圣行，改曰彦行。”

从以上所禁断的内容看，不外是皇权与道教两项，而赵野上奏称“陛下恢崇妙道，寅奉高真”等语，完全是从崇奉道教着眼。宋徽宗信道最笃，广修宫观，优容道士，自称教主道君皇帝，赵野正是投其所好。

“禁人名寓僭窃”条所引史实表明，当时对命名的禁令还要宽泛。政和二年春，一批及第的进士中有人叫吴定辟、魏元勋等，这一类当时认为“寓意僭窃”的名字竟有十数人，徽宗很不高兴，或降其等，或革其功名。这大约是后来臣下奏请对命名施行禁令的先声。按：定辟，辟者君也，不过是底定君位、辅佐君王之意；元勋即首功，习语有开国元勋，字面上并没有什么犯禁之处。只是在承平已久的天下想当开国元勋，莫不是欲帮助别人登上皇帝的宝座？想达到这样的目的，除了谋反叛乱还能有别的途径吗？这样就推论出了“名寓僭窃”的罪名。我们不要看宋徽宗在治国御敌方面很无能，却还是个深文周纳的好手。

这样一来，就让一些希图富贵的人觅到了终南捷径，在别人的名字上做文章以求博得皇上欢心，能够加官晋爵，李宽、赵野即是这一流人物。政和八年时还有一个比芝麻官还小的浮梁县丞陆元佐，也瞅准了这条出路，上书说：“窃见吏部左选有余大明者，为曹官；有陈丕显者，产教官。大明者，文王之德；丕显者，文王之谟。又况大明者有犯神明馆御殿。臣故曰：有取王者之实以寓其名。窃见饶州乐平县有名孙权者，浮梁县有名刘项者，臣故曰：有取霸者之迹以寓其名。”这样一道荒唐的奏章竟然蒙徽宗俞允，“奉圣旨：陆元佐所言可行，下逐处并所属，令改正禁止”。

难怪朱熹说，“今看着徽宗朝事，更无一着下得是。古之大国之君犹有一二着下得是，而大势不可支吾。那时更无一小着下得是，使无虏人之猖獗，亦不能安。”（《朱子语类》）我们在有关命名禁令这样一件小事上，确实萌生出和朱夫子同样的感想，宋徽宗的朝政，连小事也是一塌糊涂。封建社会中等级限制无处不在，唯命名的自由程度相对要大得多，对此也颁禁令，并没有多少实际意义，只是更加不得人心而已。

这件荒唐事持续时间不长，据《容斋续笔》载：“宣和七年七月，手诏：以昨臣僚建请，士庶名字有犯‘天’‘玉’‘君’‘圣’及‘主’字者悉禁，既非上帝名讳，又无经据，谄佞不根，贻讥后世，罢之。”可能是宋徽宗自己也觉察到太不像话，取消了禁令。

像宋徽宗这样的人，既擅长书画，又热心宗教，即使是身为最高统治者，如果没有相应的政治氛围，他也不会在名字这样的细枝末节上施展淫威，刻意要显示其独裁专制的手段。我们知道，北宋建国，承接的是五代乱离的局面，封建纲常名教大坏。宋太祖统一全国以后，采取了一系列措施，强化中央集权，巩固封建秩序。在意识形态方面，儒者大倡“尊王”，积极恢复纲常名教，至理学问世，提出“父子君臣，天下之定理，无所逃于天地之间”(《二程遗书》)，皇权的至高无上，它不可侵犯的神圣性又在人们头脑中树立了起来。到徽宗朝，独裁统治又由蔡京等人的助恶，演化为黑暗政治，禁锢元祐党人，刻碑悬禁，顺我者昌，逆我者亡，所以对于命名的内容有所禁限，也是大环境造成的。

宋代名字的老态

清代学者赵翼《陔余丛考》中“宋人名字多用老字”条有云：

> 唐臣有薛廷老，又范传正字西老，此偶见也。宋人字名则好用老字，其以为名者如：胡唐老（靖康时御史）、王同老（王尧臣之子，见《富弼传》）、孟唐老（宋末人，与元兵战）、孟元老（作《东都旧事》者——引者按：应为《东京梦华录》）、苏元老（苏辙族孙，见《辙传》）、王廷老（字伯□，见刘挚奏疏及《王古传》）、陈朝老（太学生，

见《何执中》及《蔡京传》)、赵学老(赵野之子，见《野传》)、杜莘老(《宋史》有传)、王涣老(王回子，见《邹浩传》)、胡唐老(宿之曾孙——引者按：胡宿曾孙胡唐老与靖康时御史胡唐老实为一人，误为二人)、刘唐老(见《任伯雨传》)、高商老(见《黄乾传》)刘德老(见《李翼传》)(以上俱见《宋史》)；李商老(公择侄孙，见《东莱诗话》)、曹醇老(见《瓮牖闲评》)、俞冯老(见《萤雪杂说》)、郑唐老(见陆游诗)、李汉老(见《隐窟杂志》)。其以为字者尤多，如：孙莘老(名觉)、刘莘老(名挚)、许崧老(名翰)、赵德老(名彦逾)、李延老(名寿朋)、吴敦老(名居厚)、钱醇老(名藻，乃明逸之从子)、彭岩老(名汝霖)、彭宜老(汝霖弟)、张宾老(名康国)、吕安老(名祉)、胡茂老(名松年)、薛直老(名弼)、黄通老(名中)、程冬老(名松)、李汉老(名邴)、薛德老(名徽言)、张渭老(名□)、徐商老(名梦莘)、程惠老(名迪)(以上俱见《宋史》)；李商老(名彭，江西诗派人)、潘邠老(名大临，见苏诗)、吴才老(名棫，有《韵书》传世)、俞秀老(名紫芝，见《石林诗话》)、俞清老(名子中，见《直方诗话》)、尹商老(名躬，见《独醒杂志》)、陆蒙老(名元光，见《庚溪诗话》)，钱正老(见胡程《苍梧集》)。其他如《夷坚志》所称吕辨老、张茂老、邹圆老、安行老、何国老、杨吉老，则未知其为名为字也。

这里全是用老字命名命字的。马叙伦《读书续记》说：“宋人自名叟、老，可谓创一风气。”可见那时有用“叟”为名字现象，也引起了学者的注意。萧遥天又补充了以“翁”为名字的风气，认为以上三种现象都显现了那个时期命名的老态。以叟命名的如：刘羲叟、陈敬叟、徐清叟等；以叟命字的如：张舜民字芸叟、尹谷字耕叟；以翁命名的如：魏了翁、刘辰翁、王次翁等；以翁命字的如：陈容字所翁、刘弥正字退翁、王英孙字才翁等。

萧氏说，命名的这种风气是因为社会优礼老人，所以许多人喜欢故作老气横秋之态，此种表示成熟、抒发自尊心的心理影响到命名的习尚。如此说来，倒是比较贴切，但为什么在宋代创为一时风气，却是不甚了了。当然这种风尚很难追根究底，弄出个所以然来，不过我们还是想不揣愚陋，愿再进一解。

考察以"叟"、"老"命名命字的现象，"唐老"、"商老"、"莘老"、"莘叟"一类最多，"唐"是唐虞之唐，莘是伊尹耕于有莘之野的地名。如刘羲叟、张舜民字芸叟，一目了然。这些名字都与复古的思想有关系，充斥着儒家希望臻于三代之治的气息。这正是宋代儒学复兴（北宋时期兴起的理学也称为新儒学，有濂、洛、关、闽四个著名派别，此外并存蜀学、涑水之学、新学等），孔孟精神大张的时代气息。这类名字从正面看，似乎是赞美当代，庆幸生活于唐尧虞舜和夏商周三代之世；从反面看，又寓意微讽，以上古三代的遗老自命，暗含着不满现实的意思。同样的名字，很难说取意相同，这就无法起古人于地下而质之，只能臆测了。

"翁"字命名，不一定取"老"意。翁与父同义，父可称翁，《史记》中载刘邦对项羽说，"吾翁即若翁"，我爸爸就是你爸爸。“父”是男子美称，又作“甫”，先秦时命字最多见，在《仪礼·士冠礼》中有明文：“昭告尔字……曰伯某甫，仲叔季唯其所当。”郑玄注：“伯仲叔季，长幼之称。甫是丈夫之美称，孔子为尼甫，周大夫有嘉甫，宋大夫有孔甫，是其类。甫字或作父。”汉代有人以翁命名命字，用法正与此相类，如郭解字翁伯，金日䃅字翁叔等。宋代以翁命名命字的现象多起来，以父命名命字的也很多，恐怕模仿古礼的成分多于取老的用意，很可能也是复古的一种趋向。

四

宋元以来下层社会的名字

名字是一个人的代号，作为个人的标志在社会交往中广泛使用。古代交通工具不发达，通讯手段更贫乏，社交的范围自然很狭窄。下层社会人民更是终日劳作后定在土地上、百业中，他们的名字使用的圈子很小，无需太多的式样以资识别，因而他们命名时也不必多费心思，表现出简单、直白的特征。再者，下层社会人民受教育的机会很少，没有文化同样是命名比较简单的原因。另外，有些时期还有政治上的原因，发布政令，限制命名范围以识别其身份，是阶级压迫的一种措施，歧视劳动人民的用意特别明显。近代学者俞樾、缪荃孙、平步青等人都注意到古代下层社会命名的特异现象，作过一些研究。吴晗曾写过一篇《宋元以来老百姓的称呼》，总结了前人的研究成果，并有不少新发现。以前我们对宋代以前下层社会命名的情况所知甚少，只得从略。今有长沙走马楼吴简的考古发现，可窥一斑，附于后。

数字名

自从人们发明了数字，日益普及，它就成了一个最一般的常识，尤其是十以内的数字更是如此，很少有人不知道自已有几个手指头。实际上，在一夫一妻的家庭里，给子女的代号一般超不过手指头数目字的范围。按出生的先后，分别用自然数序列称呼，恐怕是最顺理成章的事情了。因此，古往今来在家中称呼排行，很是自然。不过古代有许多人再没有别的名字，如学名、官名之类，终其一生只以排行为名字，这却是今天十分少见的。

用排行作名字极易混淆，谁家都有老大、老二、老三，很难区别。即使是冠以姓氏，同姓那么多，区分起来也还是困难。唐代文人流行的行第称呼，排行多是同祖、同曾祖的堂兄弟一起计算，不光是自家同胞兄弟的数目。这样虽然数目字增加到数十，如张继称张二十，张曙称张五十郎，还是不易分辨。不过文人习惯于称呼行第，实际上他们都还有正式的名字。唐代有些妇女名字用的是数字，很难确定她们是称呼行第的习惯呢，还是就以数目字为名。如杜甫诗中所描写的善舞剑器的公孙大娘，其人复姓公孙，大娘可不是杜甫对她的尊称，好像我们今天称呼中老年妇女那样，而是她排行老大。诸如此类的还有徐十一娘、高二娘等，这些名字在会稽禹迹寺“唐开成五年往生碑”末的信女题名中都可以看到（《春在堂随笔》）。

宋代洪迈《夷坚志》记载宋时杂事，其中有很多下层社会人名得以保存。如兴国军民熊二、鄱阳城民刘十二、南城田夫周三、鄱阳小民隗六、符离人从四、楚州山阳县渔者尹二、解州安邑池西乡民梁小二、临川人董小七、徽州婺源民张四、黄州市民李十六、仆崔三、鄱阳乡民郑小五、金华孝顺镇农民陈二，等等。这些人名分布的范围很大，包括现在的安徽、浙江、江西、山西、湖北等地，足见各地下层社会人民命名的习俗大致相同，在宋代多是以排行为名。

元代稍有变化，首先是朝廷下了禁令，庶民不得正式取名，只能以数字命名；其次是数字不仅有排行的内容，又增加了以父母年龄合计数字命名的内容。

元代颁发禁令，不准庶民正式取名，正史没有记载，是晚清才发现的。俞樾《春在堂随笔》卷五记载，徐诚庵对他讲，曾经看见蔡氏家谱，有前辈老人书写的一行小字：“元制：庶民无职者不许取名，止以行第，及父母年齿合计为名。”那么，所取的名字就只能是数字。俞樾是很严谨的学者，可见在他的印象中还有此类例子，所以虽然只有这么一条证据，也用来说明当时确实颁布过这样的禁令，尽管正史不载，也毋庸置疑。萧遥天也从自家的家谱中找到了例证：

> 我们萧氏，宋季由福建的莆田迁入潮阳，入潮一世祖萧洵任潮阳令，为民众所爱戴，休官后遂卜居于此。宋末，三世祖毁家助文信国勤王。我曾查族谱世系，入元后者诸上代皆以数目字命名，明后始有典雅的名讳。我们是士大夫的子孙，入元不仕，也同俞氏所举之例，则俞氏所疑，颇可置信。(《中国人名的研究》)

萧氏未举其祖上入元以后取的名字都是哪些数字，我们也就不得而知。现所知元代庶民的数目字名字，大都是明朝开国元勋的先人。有些起自寒微诸如朱元璋一类的人，他们的前辈在元代时无权正式取名，只有数目字名字，明朝开国后，子孙显赫了，他们那种本来不登大雅之堂的名字才得以载诸史册。如明太祖朱元璋的父亲叫五四，名世珍；二哥重六，名兴盛；三哥重七，名兴祖；朱元璋原来叫重八，名兴宗。可见他们这一家在元朝都有数目名字，世珍、兴宗等名字，恐怕是明太祖发迹以后才追加的。又如明朝开国将领常遇春的曾祖叫四三，祖父叫重五，父亲叫六六；另一将领汤和的曾祖叫五，祖父叫六一，父亲叫七一。《闲中古今录》记载，元末独霸一方的张士诚，原名叫九四。有人说他一辈子宠信文人，却上了文人的当。原来他称王以后，要起一个官名，有文人替他起名叫士诚。有人把这事告诉了朱元璋，朱说："好啊，这名字不错。"那人说："不然，上大当了。《孟子》上云：'士，诚小人也。'这句话也可读作'士诚，小人也。'张士诚让人骂了半辈子小人，到死还不知道，真是可怜。"这个故事说明，那时发达以后改名字是人之常情，数目名直接表示了低下的身份，不改不行。至于改名受了蒙蔽，那就该另当别论了。

直到清代，用数目名字者仍很多。满族官员有六十七、七十一、七十五、八十六、九十等名。六十七字居鲁，著有《西域闻见录》。《听雨丛谈》记载："八旗幼童，喜以数目字命名，如七十二、八十三等名，多出于祖父母之纪年，因以为寿也。"看来满族以数目字命名的内容又与汉族小有异同。《春在堂随笔》记载，清代绍兴乡间尚有不少用数目字命名的人。如夫年二十四，妇年二十二，合为四十六，生子即名四六。夫年二十三，妇年二十二，合为四十五，生子可能叫五九，用的是乘法，五九四十五。

清末民国初年，绍兴仍有数目字为名的人。鲁迅著作《社戏》中一个人物叫六一公公，小孩子背后又叫他老六一，还有一个人物叫八公公。下层社会以数目字命名绵延千余年，绝不是个别现象，值得我们注意。

“郎”、“秀”及其他

下层社会的名字，总是和数目字有不解之缘，但除上述的内容之外，还有在数目字后面缀有其他字样的。《柳南随笔》卷五说，江阴汤廷尉《公余日录》记载，明初闾里称呼有二等，一曰秀，一曰郎。称秀的是故家古族，杰出人物，称郎的则是微末寒门，群小之辈。称秀则曰某几秀，称郎则曰某几郎，由身份确定，不相逾越。其实这种习俗在宋代已经有了，宋代平民姓名见于《清明集》“户婚门”的很多，如沈亿六秀，徐宗五秀，金百二秀，黎六九秀等。明初南京有个人叫沈万三秀，是个大财主，结果被明太祖盯上了，没收家产，充军到云南。还有一个官僚子弟叫刘大秀，曾送坟地给朱元璋，他排行第一，故称大秀。他们两人称秀，一是因为有钱，生财有道，一是因出身高门。

市井平民只能称郎，我们还没有找到实例。吴晗说，看了《柳南随笔》的记载，懂得戏文里演的民间故事，男人叫做什么郎的道理了。也难怪“卖油郎独占花魁”这个故事，秦小官卖油，就叫做卖油郎的由来了。还有明清两代社会上有一句话“不郎不秀”，是骂人不成材，高不成低不就的意思，一直到现代，还有些地区保留这句话，但很少有人懂得原来的含意了。（《灯下集·宋元以来老百姓的称呼》）

在鲁迅小说《风波》里描写一种以“斤”命名的风俗习惯，很有趣，请大家看这一段：

> 这村庄的习惯有点特别，女人生下孩子，多喜欢用秤称了轻重，便用斤数当作小名。九斤老太自从庆祝了五十寿以后，便渐渐地变了不平家，常说伊年轻的时候，天气没有现在这般热，豆子也没有这般硬：总之现在的时世是不对了。何况六斤比伊的曾祖，少了三斤，比伊父亲七斤，又少了一斤，这真是一条颠扑不破的实例。所以伊又用劲说，“这真是一代不如一代！”
>
> 伊的儿媳七斤嫂子正捧着饭篮走到桌边，便将饭篮在桌上一摔，愤愤的说，“你老人家又这么说了。六斤生下来的时候，不是六斤五两么？你家的秤又是私秤，加重秤，十八两秤；用了准十六，我们的六斤该有七斤多哩。我想便是太公和公公，也不见得正是九斤八斤十足，用的秤也许是十四两……”

此类风俗，绝不是空想出来的，鲁迅一定有所依据，可能是清末民国初保留在某个地区（极有可能是浙江绍兴）的习俗。追溯上去，在《元史》中也有此类名字，一般是蒙古族人用，如五斤、六斤、七斤、八斤、九斤之类，《九史同姓名录》著录了十一个六斤，十个七斤，看起来还很盛行过一个时期。说不定汉族称斤取名的习惯是受蒙古族的影响，也未可知。

下层社会的名字或称呼可能是受少数民族影响的还有一例。辽金元三朝的契丹、女真、蒙古族人名字称奴、称哥的很多，称哥的如汪辉祖《三史同名录》著录有留哥、僧哥、五哥、七哥、八哥、九哥、十哥等。萧遥天说：

> 哥的称谓，因时而异，唐人有称父亲为哥的，惟用作兄长别称，较为合理，今犹称兄长为哥哥。但世俗称厮走细人曰某哥，我乡便叫家里的长工做“春哥”，这个语源必有颇长的历史。宋元的平话称客店的堂馆为小二哥，《水浒》中潘金莲事件，那拉皮条的王婆和卖饼（果）的郓哥也是我们很耳熟的。（《中国人名的研究》）

辽金元时期以哥命名的风气在汉族并未流行，然而对低贱之人加上哥作为称谓，恐怕与此有些关系，所以在这里顺便提一下，或者可以和称斤命名的习俗相互发明，对研究民族文化的相互影响提供一些线索。

下层社会人数占绝大多数，但见于记载的却少得可怜。所以古称“无名之辈”，一方面是名字不为人知，另一方面是没有正式的学名、官名之类，确确实实是无名。上述古代下层社会人名，最主要的特点就是单调雷同，社会地位的低下决定了文化水准的低下，取名也就不会高雅。我们现在社会的主流文化主张对任何阶层都不应该歧视，社会向多样化的方向发展，命名的多样化也是其中内容之一。要达到这个目的，加强文化教育，普及文化知识，提高全民族的文化水准，是最起码的先决条件。

附：三国孙吴时的下层人名

1996年，在长沙市中心走马楼发掘了古代井窖57口，其中编号为J22的古井出土三国孙吴纪年简牍约10万余枚，于1999年发表《长沙走马楼J22发掘简报》，以及王素、宋少华、罗新的《长沙走马楼简牍整理的新收获》、胡平生的《长沙走马楼三国孙吴简犊三文书考证》，均刊于《文物》1999年第5期。今即以此为据，略述其中反映的当时社会下层人名的状况。

这里需要介绍一下，走马楼吴简主要是孙吴的长沙郡治临湘县的文书档案，有关于赋税、仓储、关邸阁等内容，特别是还有很大一部分户口簿籍，记载了很多乡里细民的名字，故可据此分析那时的社会下层人名。

《长沙走马楼简牍整理的新收获》文中有“户口簿籍面面观”

一节，披露的材料比较多，兹节引几条姓名俱全的，加以说明：

1. 民周明年卅盲左目（13—7633）
2. 富贵里户人公乘黄五年廿一（1—28）
3. 大片里户人公乘王得年六十二 龙耳眇国（2—935）
4. □会里大男周春年廿四 刑右手（4—1335）
5. 义成里户人公乘黄硕年六十三 刑右足（9—2899）

从这五条看，就给我们一个基本印象，那时社会下层人也是有权起名的。五条中，四个人均有名，为周明、王得、周春、黄硕，只有一个人叫黄五，是特殊情况，用数字命名，但与身份无关。从身份上看，黄五与王得、黄硕一样，还有“公乘”的民爵。公乘在秦制二十级爵位里属第八级，延续到三国时可能已经没有那么尊贵了，不过无论如何也要比无爵者好一些。然而两个无爵者周明、黄硕都没用数字命名，可见那时对命名并没有限制。

再一个印象是，那时人绝大多数都是单名，看来王莽发布的禁令一直深入到社会下层，三国时民间的命名也受到影响，而且不仅是男子，妇女、奴婢等也都是如此。如：

1. 鼠妻汝年卅 鼠子男强年九岁（13—7636）
2. □户下奴右长六尺 户下奴进长五尺（13—7637）
3. 妻大女如年廿三 五子男贤三岁（1—12）

4. 护户下婢伺年八岁（9—2868）

5. 尊户下婢小女年十二（9—2924）

以上五条，性别、身份等都很清楚，只是缺姓氏。比如第一条户主名“鼠”，其妻名“汝”，其子名“强”，九岁的小孩子也有属于自己的名字。最小例子的是第三条名“贤”的小孩子，只有三岁。由此而言，当时的社会下层人在幼年时就已命名，不是成年后因社会需要才取的。

再就是奴和婢也都有名字，但略去了姓氏。第二条户主之名缺失，其家一个奴名“右”，一个奴名“进”；第四条是户主名“护”，他家的一个八岁婢女名“伺”。仅第五条例外，户主“尊”家的十二岁婢女叫小女，这显然是个家庭内部的称呼，相当于没有名字。奴婢的社会地位最为低下，这些人也是已经命名的居多，亦可知对此类人的命名也没有限制。

从走马楼吴简看三国时的社会下层人名，得到的印象似乎是宋元以降，对社会下层的歧视有所加剧，就连起名字也受到了限制，名字和身份直接联系，社会阶层似有凝固化的趋势。但这印象与那个时候特别发达的科举制度的精神是相悖的，科举制在吸引下层社会人才、促进社会阶层的流动方面，是有积极意义的。统治者既然大力推进科举制，却又用命名的限制来固化下层社会，无论如何有些说不通。自然，元代“无职者不许取名”，只能用数字名，明代闾里称郎与秀二等，都不是正史所载，其可信程度还需要在以后的研究中进一步证实。宋代以前的社会下层人名，也能从汉代简犊、吐鲁番文书、敦煌卷子等资料中再作搜集，使认识能够深化。限于学识和时间，目前个人尚未开展此方面的研究，望有同好者随时指教。

第三章

名字的文化内涵

古往今来的人名如银河星沙，至多至繁，都闪烁着光彩。这光彩是人们文化素养和心理状态的交映，寻绎每一个名字的含义，都是件饶有趣味的事情。人们的名字或简单，或深奥，或粗俗，或典雅，直接反映命名者的文化素养；从人名中能够分辨的有关性别、职业、文化层次等区别，又是社会文化背景的折射。每个名字包含着命名时的意愿，或取寓意，或寄希望，或示祝福，或留纪念，等等，大多郑重其事，很少有漫不经心的。屈原在《离骚》开头就写道，“肇锡余以嘉名。名余曰正则兮，字余曰灵均”，可以看出战国时期人们对名字的重视。所以有学者说：“偶然检起一张人名录，肯下工夫深沉玩索，其中告诉你的东西，也许比较一篇历史文物的报告还要丰富。”（《中国人名的研究》）

一

女性名字的特征

几千年来，妇女一直处于受压迫的地位，“男尊女卑”的观念是中国传统文化中很重要的一项内容。孔子说“唯女子与小人为难养也”，在封建时代就是真理，很少有人怀疑它的荒谬性。社会对于妇女的戒律是“三从”——“在家从父，出嫁从夫，夫死从子”，完全沦为男性的奴隶。封建社会最主要的道德律令“三纲”——“君为臣纲，父为子纲，夫为妻纲”，把男子和妇女的关系与君臣之间的统治并列起来，丈夫对于妻子的统治无疑是封建政治统治的社会基础。妇女处于这样悲惨的地位，在她们的名字上面也有反映。

女性名字的使用局限

妇女社会地位的低下，反映在一个很重要的侧面就是，她们被禁锢在很小的天地里。由于活动空间极其狭窄，她们的名字也只是在很小范围之内使用。故女性的名字称为闺名、阃名，只在闺阃之间流行，越不出家庭的墙垣。

按照儒家的礼仪典则，有关妇女的内容有很重要的两条，即“男女有别”和“内外有别”。《礼记·曲礼》记载早期儒家的妇女行为规范，禁止家庭中妇女与男子随便坐在一起，不许妇女的衣服和男子的挂在同一个衣架上，男女不能使用同一块巾帕或同一把梳子，不得手接手地递东西。叔嫂之间不答话。男子在外做事，回家中不与妇女谈论，母亲、妻子、女儿也不得过问，即“外言不入于阃，内言不出于阃”。阃指“门限”，今人称为门槛，是说门里、门外要隔绝，内外是两个世界，女人的世界只在门里面。《内则》中规定：“女子出门，必拥蔽其面。”女子出门要把脸遮住，只露出眼睛看路，则类似于今日某些阿拉伯国家的风俗。

实际上可能做不到这么严格，尤其在唐朝，社会风气还是相当开放的，妇女也有很大自由。

到了宋代，儒学复兴，对妇女的禁锢再次提上议事日程，传统礼仪的规定重新受到重视。如司马光在他撰写的《书仪》中这样规定：

> 凡为宫室，必辨内外，深宫固门。内外不共井，不共浴堂，不共厕。男治外事，女治内事。男子昼无故，不处私室，妇人无故，不窥中门。男子夜行以烛。妇人有故身出，必拥蔽其面。男仆非有缮修及有大故，不入中门；入中门，妇人必避之，不可避，亦必以袖遮其面。女仆无故，不出中门；有故出中门，亦必拥蔽其面。铃下苍头但主通内外之言，传致内外之物。

这个时期的妇女不但要被禁锢在家庭的范围内，而且在家庭里还要闭锁在中门之内，实质上不啻于囚徒！你看，一座院子一分为二，中间设一道中门，门上还装有门铃，内院的妇女如果需要传言索物，门铃那儿专门有个老仆侍候。这个老仆很像个狱卒，主要是看守中门里面的妇女们。这当然是大户人家才能有的排场，也只是最理想、最标准的规范，事实上可能会宽松一些，各个社会阶层的情况也不尽相同。但是，这种礼仪规范毕竟是一定社会现实的反映，由这种极端禁锢的状况不难想象封建社会妇女的生活处境。

了解妇女的活动范围以后，她们的名字在使用上的局限性也就十分清楚了。更何况，妇女出嫁到夫家以后，她们的名字就更少使用了。出嫁以后的妇女一般只称姓，称某氏，或再冠以夫家的姓，称某某氏；也有称某妻的，完全成了丈夫的附属品。日常生活中邻里间的称呼也往往是随其夫家，如鲁迅小说中的祥林嫂、豆腐西施杨二嫂等，并没有她们自己的名字，这正是当时社会的真实写照。因此，历史上只有极少数的杰出女性留下了名字，但如史学家班昭（《汉书》作者班固之妹），好多人还不愿意称她的名，而要称曹大家，因为她嫁到了曹家。封建卫道士们极力鼓吹妇女要守贞节，但许多妇女做了牺牲品以后，事迹见于正史，却没能留下名字，如《宋史·列女传》记载四十位列女，却只有三位有名字，其余或称某氏，或称某某妻、某某妇，或称某某女，青史留名的倒是她们的父亲和丈夫。还有不少受人称道的妇女，她们只是和儿子的名字联系在一起，就像《三字经》中"昔孟母，择邻处"，这个精于教子的贤母并无名字，我们只知道她的儿子叫孟轲。还有脍炙人口的文学形象徐母、岳母，小说家都无意为她们杜撰一个名字，可见歧视妇女的文化传统是多么顽固有力！

女性名字的用字局限

人群中最基本的类别是男女，从名字上一望而知其为男性抑或女性，是人们命名时常要考虑的，所以名字上的性别区分很普遍，中外皆然。如果我们看到妇女用的是习见的男性名字，或者男子用的是习见的女性名字，心里往往觉得很怪异，视为反常现象。所以，清代学者赵翼的《陔余丛考》中有一条“男人女名，女人男名”，搜罗了很多例证，颇寓“奇文共欣赏”的意思。这样说来，通常的男名和女名都有局限性，这是由于人们长期以来的习惯心理，使性别的特征直接反映在名字上。唯是还有歧视妇女的文化传统作怪，女性名字的用字局限性更大。

由于汉字本身能够表意，字形上即能反映女性的色彩，如“女”字旁的字大都成为妇女命名的专利，很少例外。比较常用的名词如娘、女、姑、姨、姐、妹、姬、娥、媛等，名字有杜秋娘、王玉女、梅姑、巧姐、杨八妹、杜十姨、虞姬、蔡文姬、琼娥、黄媛介等；形容词如婵、娟、姣、好、娉、婷、妙、媚、娇、婉、娴、妩、嫣……名字有静婵、慧娟、玉姣、月好、芳娉、淑婷、妙常、顾媚、凤娇、静婉、碧娴、绛妩、嫣然，等等。

古代传说中的女性，她们的名字也被加上了女旁，如抟土作人的女娲，黄帝之妃嫘祖，帝尧之女亦即帝舜二妃娥皇、女英等，都是如此。雄才大略的武则天可谓女中豪杰，做了皇帝，给自己取了个名叫“曌”，专门造了这么个字，形容自己如日月当空，普照天下，然而后世流传的有关她的故事，却称她为武媚娘，不让她的名字脱去脂粉气。

闺中之物最能代表女性特征，又能象征妇女的从属地位，所以是常见的女名。用首饰一类的字如钗、钿、簪、环、钏等，名字有宝钗、翠钿、秀簪、玉环、宝钏等。用服饰一类的字如裳、裙、锦、绣、纨、绮、缦、缨等，名字有云裳、翠裙、锦茵、玉绣、小纨、茂绮、秀缦、朱缨等。用化妆品一类的字如粉、香、黛等，名字如玉粉、香兰、黛眉等。也有用女红什物一类的字，如针、线、纫、台、瓶等，名字有玉针、红线、纫蕙、英台、银瓶等。有直用闺阁字的，如闺臣、绣阁之类。

封建社会中的妇女，被看做男子的财产，也被视为玩物，是男人们游心娱目、消遣取乐的对象。有一句流传很广的话叫做“士为知己者死，女为悦已者容”，妇女能和男子献身精神相映衬的就是取悦于人，她们的存在似乎只是为了服务于男性。因此女名又被局限在风花雪月、芝兰禽鸟的圈子里，名字本身要有一种美感，但不是壮丽的山水画，要的是细腻柔美的花鸟图。香草喻美人，女性名字选用花卉一类的字独多。如花、草、芝、兰、蕙、荃、英、菊、莲、荷、菡、梅、桃、柳、杏、榴、莉、薇、茜、莎等，名字有浣花、春草、湘兰、琼芝、沅蕙、荃君、芷君、琼英、悦菊、香莲、碧荷、漱菡、香梅、春桃、柳黛、杏君、石榴、馨莉、秋薇、碧茜、丽莎等。用禽鸟一类的字也多，但不用猛禽之名，如鹰、隼、鹫、枭之类，而只用凤、鸾、莺、燕、鸿、雁、鹃、鸳鸯等，名字有鸣凤、玉鸾、春莺、飞燕、惊鸿、秋雁、紫鹃、鸳鸯等。

色彩艳丽的字眼、形容词和柔美的景物，是女性名字常常选用的，如彩、艳、秀、美、丽、倩、青、翠、素、红、绿、紫、黄、月、云、霓、雯、露、雪、霞、冰、霜等，名字有彩纨、曼艳、月秀、黛美、多丽、碧倩、玉青、素心、小红、绿荷、紫绡、黄绮、抱月、彩云、丽雯、白露、绛雪、春霞、冰心、菊霜等。

女性的世界既然被男子主宰，她们的品质和行为也只能适应男性的要求，“贞静幽闭，端庄诚一”是其标准。《女论语》规定，女子行走不能左顾右盼，说话不可掀舌露齿，坐时不得扭腿动膝，站立不能摇摆裙衩。高兴的时候，不可张嘴大笑；气愤的时候，不可厉声呼喊。五代以后缠足的风气流行开来，为男子所欣赏的轻盈婀娜的病态美扼住了妇女的活力，柔顺驯服益发由教条变为现实，成为女性的风范。至于贞节，作为对妇女品德的苛求，不知残害了多少妇女的生命。在女名中使用女德类的字有贞、淑、端、庄、娴、倩、静、婉等，名字如贞秀、淑仪、玉端、丽庄、娴倩、静玉、婉珍等。(女名及用字参见《中国人名的研究》)

现在我们提倡了几十年的男女平等，歧视妇女的现象大为减少，但积淀在人们心理上的历史文化观念仍然在起作用，女性的名字与传统文化的妇女观仍有联系。徐一青等所著《姓名趣谈》说：

> 如果你去问一个在大学里学习的男大学生，在没有人介绍的情况下，他在第一次互未见面的约会中，是愿意碰到一个叫李胜利、张万有的姑娘呢？还是一个叫谢静淑、陈婉萦的姑娘呢？答案肯定是后者。因为前一类名字一点也不能叫人想象出女性的美和特点来，引不起男女之间的情絮，尽管在实际上名叫李胜利、张万有的姑娘，可能要好过名叫谢静淑、陈婉萦的姑娘多少倍。

巧得很，作者认为人们感兴趣的名字恰是表示女德的字眼。看来人们对女性的美和特点的看法还很难摆脱传统的观念，可见歧视妇女的现象虽然日渐消失，而人们有关妇女的观念已形成心理定势，潜藏在意识的深处，很难转变，贞静娴雅的女性仍是男子的理想伴侣。如果真有那么一天，女强人、铁女人成为女性的大多数，大约这类而今能够引起情絮的女名也就少见了。

近于昵称的女性名字

妇女的社会地位本来就够低下的，然而还有一部分妇女的境况更为悲惨，封建社会中的侍妾和妓女属于此类，尤以后者为甚。她们沦落风尘，出卖自己的肉体，以色相谋生，生理上和心理上所遭受的双重蹂躏难以名状，过着实质上非人的生活。而这一类妇女的名字也有特点，往往带着近于狎昵的色彩。后来又出现的性工作者，是否也取此类名，则不得而知。

萧遥天发现女名有殊格一法，就是“双名”（按：应为叠字）。他说：

> 按男人也有双名的，极少数，女人较多。这种名字，与人以轻松亲昵的感觉，在男性中心社会，男人所感愉快的就是这种感觉。故应列为女名的殊格。此格唐人已开其端。
>
> 如元稹妾莺莺，张佑妾燕燕，柳将军爱妓真真，张建封舞妓盼盼，歌妓好好、端端、灼灼、惜惜，钱塘杨氏爱爱，武氏赛赛，范氏燕燕，天宝中贵妾盈盈，大历中人才张红红、薛琼琼，杨虞卿妾英英。（《中

国人名的研究》)

我们看这些取叠字名的妇女，她们的身份非妾即妓，所以取了这类名字。见于记载的侍妾和妓女唐代多有，以后也是屡见不鲜。唐代《北里志》中的妓女叠字名者有郑举举、王苏苏、王莲莲、张住住等；《梦粱录》记载的宋代妓女叠字名者，官妓有唐安安，私娼有季惜惜、吕双双、胡怜怜、沈盼盼、普安安、徐双双、熊保保等；《玉台书史》记载宋代以书法知名的妓女中有王英英，明代擅长书画的妓女有薛素素；《青楼集》所载元代名妓叠字名者有李心心、于盼盼、于心心、魏道道、赵真真、汪怜怜、顾山山、孙秀秀等。宋代爱国诗人辛弃疾亦未能脱俗，他的两个侍妾一名田田、一名钱钱，都是因姓而名。诗人的两位侍妾都擅长书法，常常代辛弃疾写信，所以载于《玉台书史》中。

明清时期，女性叠字名渐少，至今已失却了这种命名形式的狎昵色彩，用叠字名的妇女无须担心其历史的印痕了。

狎昵色彩的女名不光是叠字名一种形式，还有的妓名并非叠字，但更有一种轻薄之态，迥别于一般的俗艳名字。如《北里志》中记述唐代妓女有杨妙儿、王团儿等；《梦粱录》中的宋代妓女潘称心、倪都惜等；《青楼集》中的元代妓女周人爱、赵偏惜、李娇儿等。此类名字却似营业广告，活画出她们在艰难时世中挣扎求生的情状。

带有狎昵色彩的名字与我们现在所说的爱称不能等同，因为爱称与身份地位无关，又不扩散到社会上。女名中与古代爱称有关系的字有一个“卿”字。“卿卿”是男女之间亲密的称谓，往往男呼女为卿卿，《红楼梦》里有一句以调侃的语气撰成的警句，“机关算尽太聪明，反算了卿卿性命”，正用此意。《世说新语》里记述了一则妇女称男子为卿卿的故事：王安丰的妻子常称他为卿，王说：“妇人称丈夫作卿，于礼为不敬，以后不要这样。”他这位夫人说：“亲卿爱卿，是以卿卿，我不卿卿，谁当卿卿？”所以这个称谓有平等、亲密的意味，女名如艳卿、美卿、爱卿、莲卿等，与此有关。

专用“男”字的心理状态

赵翼《陔余丛考》有“男人女名，女人男名”一条，将《南史》中记载的豫章公主名次男，山阴公主名荣男，孝武帝母路太后名惠男，《北史》替夫报仇的俞县女子孙男玉，都划到了“女人男名”一类。

其实男子绝少以男为名的，笔者至今还没有见到过，而名字中有男字，一望而知即是女性名字，此例正是女名的一个特点。记得最清楚的是我国六十年代乒乓名将、巾帼英杰李赫男，这个名字给人的印象很深刻，确实赫赫有名，雄视男子。至如亚男、次男、弱男、亦男、比男、胜男、犹男一类的名字犹多，历史上和现实中都有，反映出一种社会心理状态。

我们不排除只有女儿的家庭，家长为女子取这样的名字，希望她像男孩子一样，将来立身社会，做一番事业，使父母的心血没有白费。也不排除这类名字本身就有一种比较，而且是不平等的较量，是从较低的出发点达到并驾齐驱的希冀，是后来者要追上先行者那样的愿望。然而，我们能够觉察到这是对不平等的微弱的抗议。

几千年来，妇女受歧视，受压迫，从父系氏族社会直到近代，从来没有平等的人权。在我们的文化观念中，女性是阴物，哲学对她的定义就是柔顺，一切曲从于男子。《白虎通》说“阴卑不得自专，随阳而成之”，很明确地表示出妇女没有独立人格，只能依附于男子的观点。现实的卑下地位和观念的无形束缚，使妇女很难挣脱出来，大声疾呼，英勇反抗。而以男字命名，已是十分难能可贵，这类名字绝无谢淑静、陈婉萦式的所谓女性美，但真切地表现了要与男子抗衡，要向男性世界挑战的决心。能够跳出女性名字的局限，这本身就是一个很勇敢的突破。我们可以说，这类命名的用意，包含着女权思想的萌芽。这类名字所反映出的对歧视妇女的逆反心理，如果汇成一股潮流，必将是妇女解放运动的先声。

《陔余丛考》罗列的古代一些女人男名，如汉武帝皇后卫子夫、相马者陈君夫、鲍宜妻桓少君、孙权长女鲁班、少女小虎，都没有脂粉气息。而武则天的名字尤为特殊，赵翼却故意漏掉了，可见他是不赞成女性男名的，真正做出了大事业的妇女，她用男名不是更能说明问题吗？可见此类男性化的名字，实质上是摆脱了女名局限，也反映了对于男女不平等的逆反心理。今人蔡畅、邓颖超、史良等人的名字俱无女名特征，而她们一生追求男女平等的理想，她们为妇女解放事业奔走呼号，奋斗不息，是否与此有些联系呢？

多用“娘”字的现象

娘和娘子是妇女的通称，由来已久，很早就成为习俗。元末陶宗仪的《南村辍耕录》中有“妇女曰娘”一条，说娘为妇女的通称，儿子称母亲为娘，可以杜甫《兵车行》诗中“耶娘妻子走相送”为证；世俗间称稳婆为老娘，女巫为师娘，妓女为花娘，蒙古人又称作草娘；苗族人称妻子为夫娘，而南方人把行为不端的妇女称为夫娘，对妇女的鄙称是婆娘，等等。又说："都下自庶人妻以及大官之国夫人，皆曰娘子，未尝有称夫人、郡君等封赠者。"

其实，此称由来已久。唐平阳公主曾率领万余精兵与秦王李世民一起围攻长安，与她的驸马柴绍各置幕府，两个人都有自己的官属和参谋人员，不相统辖。平阳公主的军队称为"娘子军"，可见在隋唐之际已有此称。司马光《书仪》中说："古称父为阿耶，母为娘子。"宋明小说中，则多见夫称妻为娘子。而宋代笔记《梦粱录》记载，"杭人议亲帖子，开写第几位娘子"，看来，未出嫁的妇女也可称娘子。

妇女称谓中多有"娘"字，所以女名字中也多用"娘"字。《辍耕录》举出史传中许多例子，如隋炀帝有宫婢叫雅娘，唐代善舞剑器的公孙大娘，李德格曾为制《望江南》曲的宠姬谢狄娘，武三思所获妓女绮娘，李锜妾杜秋娘，窦良之女窦桂娘，陈敏兄妾越娘，等等。还有一个缠足的始作俑者，名叫窅娘，是南唐李后主的宫嫔。

俞樾《春在堂随笔》所载会稽禹迹寺唐开成五年往生碑，碑阴所刊的信女之名是清一色的娘字，有徐十一娘、吕三娘、陈卅一娘、梁十一娘、郑大娘、高二娘、许三娘、宋十四娘、徐十二娘、徐三娘、朱十二娘、方二娘、姜三娘、沈十一娘、郑三娘、邵六娘、胡二娘、梅十二娘、张八娘、施十一娘、刘一娘、周三娘、黄二娘、王三娘、叶四娘、吴卅娘、江十一娘、黄三娘，等等，能够反映女名的一时风尚。

《辍耕录》说，南方“谓妇人之卑贱者曰某娘，曰几娘”，可以推测这是社会下层妇女的命名特征。《水浒》中三个女首领，有两个是以娘为名的，母夜叉孙二娘，一丈青扈三娘，这无疑是作者所处社会生活现实的反映。社会上称妇女为娘的习俗影响了命名的风气，又因它直截了当地标志出名字的性别，没有丝毫蕴藉典雅的意味，所以多是社会下层妇女的名字，而今已很少有人用“娘”字作女名了。

二
名字所反映的普遍心理状态

人类已有几千年文明史，我国又是文明古国之一，社会文化的发展到现在更有日新月异之感。但文明史与整个人类史比较起来，则是很短暂的，当前最保守的观点也认为人类有百万年的历史，那么我们的文明还不及百分之一的行程。这真有似苏东坡的感慨，“自其变者而观之，则天地曾不能以一瞬”。因此在我们的文明史中，存在着一些古今都有的课题，在变动不居的历史发展中还有诸多不变的因素，在古今迥异的社会心理结构之间有某种带普遍性的心态。我们就人名中反映的这类心态作一些分析，也许对于了解我们的民族性格不无助益。

对于物质享受和高贵社会地位的向往

衣、食、住是人们的基本生活内容，是一切精神生活的物质基础，反过来说又是人们最基本的物质享受。改善衣、食、住的条件，提高物质享受的水平，是人类与自然作斗争的原动力之一。从总体上来说，物质享受的增进有赖于社会的进步和发展，但是具体到个人来说，又不尽然如此。自文明的曙光照亮人类社会后，人们就生活在贫富悬殊的状况中，这时不期然地产生了增殖个人财富的愿望，萌发出改善自我生活条件的念头。在等级结构的社会里，人们的社会地位与物质生活条件联系得十分紧密，而高贵的社会地位又能使人得到荣誉、权力等，所以富与贵总像孪生兄弟，为人们所向往、所追求。孔子说："富与贵，是人之所欲也。"他是正视人们的这种欲望的，不过强调要通过正当的途径去实现。后世儒家提倡"正其谊不谋其利，明其道不计其功"，就每况愈下了，口头上不再承认人们的物质追求，它要把这种私欲掩藏起来，而利禄之辈又多在它一门中。由于有了重义轻利的文化观念，士大夫之家取名总要避开这个方面，所以这一类名字在我们的文化背景中是粗俗的，格调低下，读书人都不把潜藏在内心深处的利禄之欲堂而皇之地表露出来。但是由于各种各样的原因，这种强烈的愿望在名字中仍然时有所见，不绝如缕。

《汉书·王子侯表》中有安檀侯刘福、安国侯刘传富、海常侯刘福、榆丘侯刘受福，列传中有盖宽饶、李广利，这类名字都直言不讳，真切率直地表现了一种内心世界。至于向往高贵的社会地位，以公、侯、王孙、公子、公孙命名命字，则显得雅驯多了，如窦融字周公，袁安字邵公，魏相字弱侯，张侯字孟侯，司马相如的岳父卓王孙，治黄老之学的有杨王孙，刘平字公子，冯异字公孙，都显露出对先秦时期贵族地位的向往。

封建官僚政治体制确立以后，做官就一并获得富与贵，以臣字命名的多了起来，唐代有裴贽字敬臣、陈岩字梦臣等，宋代有徐铉字鼎臣、周渭字得臣等，明代有俞臣字臣哉、张元臣等，清代有赵廷臣、吴任臣等。

隋唐之后，为官的正途是科举，士人都被利禄引诱，埋头从事经义帖括、八股制艺，做着“十年寒窗无人问，一举成名天下知”的美梦。仅《清史稿》有传的人物，名字与科举有关的即有唐殿魁、许占魁、黄开榜、郑魁士、蔡廷魁、苏廷魁等好多人，渴望大魁天下、金榜题名的心情跃然名表。

宋俞成《萤雪丛说》中讽刺道，“今人生子妄自尊大，多取

‘文’‘武’‘富’‘贵’四字为名”，可见宋时的风尚。然而此类名字见于史册者仍不很多，取富贵福禄一类字为名的家庭肯定文化层次比较低，因而显赫者少。翻了一下《宋史》列传的人物，只看见刘福、牛富、张崇贵、潘良贵、李神福等数名。不过，我们总是能够看到企慕富贵的心理在名字上面偶尔露峥嵘，总是有人能够甘冒粗俗而表达其愿望。在《清史稿》里，我们也见到一些这类名字，如沈善富、陈大富、陈福、刘永福、冯福基、马福禄、董福祥、张天福、张天禄等。满族人士的汉名则富贵福禄之类的字面最多，兹不胪列。《清稗类钞》中有“兄弟之名字号如一”条，是一件趣闻，转录于下，以见一斑：

> 宗室宝廷，字竹坡，光绪中官礼部侍郎。尝典试福建，以道经浙江，纳九姓渔船女为妾，罣吏议褫职。有二子，一名寿富，号伯福，别号一二；一名富寿，号仲福，别号二一。

时至今日，我们无须讳言物质享受是人们正当的追求，改善生活条件正是全社会努力从事的工作之一，在名字中如有对发财致富、提高社会地位的向往这类寓意，实在和出国旅游时买了几件电器一样正常合理，在笔者看来，也没有雅俗的问题。只要社会中存在差别，我们的名字有这类内容也是实录。

执着生命的祝愿

公元前219年，一支船队在东海上航行。这支船队的首领是方士徐福，他带领着数千名童男童女要到海中三座神山上去请仙人，求神药。这次行动的主使者是秦始皇，他希望得到仙人的不死之药，永远活在世上，做皇帝做到世界末日。

秦始皇平群雄，扫六合，混一区宇，以至高无上的权力役使许多人为他的长生不死奔波，结果是枉然徒劳。但是这种真诚的梦想并不是富贵已极的人独有的。生命太短暂了，往往来不及品尝它的滋味就要逝去，真让人遗憾，所以人们要感叹人生如朝露，时光如白驹过隙，转瞬即逝，无法把握。也许是为了迎合人们这种心理，为当权者编造梦境以求显达；也许是为了探索生命的奥秘，希望有一天能够突破自然的禁区，总之在先秦时期就出现了方士，从事求仙炼药的活动，自诩有长生不死之术，给人们的苦闷找到了宣泄口。《汉书·艺文志》里神仙家的著作著录有十家二百零五卷，可见在当时是有些声势的。后来道教全盘接收了这一套，大炼内丹外丹，发展出了有益健康的气功术，萌生了近代化学的胚芽，但长生不老的愿望总是落空。

古代有识之士也不信这一套，班固就认为神仙家不过能“聊以荡意平心，同死生之域，而无怵惕于胸中”(《汉书·艺文志》)。但相信这类神话的人还是有的，大部分人则虽不全信，也存着一丝希望，毕竟生活在世界上好啊。退而求其次，长寿也不错。实质上都是对生命的眷恋和执着。希望长寿的人不像希望不死的人执迷，是一种比较现实的态度，因而命名时表现这种意愿的很常见。这往往又是家长对子女的祝福，其内心的诚意恐怕要胜过某些炼丹的道士。

如宋代刘温叟，字永龄。此人十分聪明，七岁就能作文章，又善写楷书隶书，他父亲说：“吾儿风骨秀异，所未知者寿耳。今（五代时）世难未息，得与老夫皆为温洛之叟，足矣。”所以取名为温叟(《宋史》)。这个期许不过分，却又字永龄，宏愿就大了。

据《渑水燕谈录》记载，大词人柳永，原名柳三变，因为生病，身体不好，所以改名为永，字耆卿，祝福他能够长寿，得享耄耋之年。

历史上以寿为名的人不知凡几，最早的有《汉书·古今人表》上的尹寿，据说是尧之师，汉代如韩延寿、甘延寿，与昭君出塞有微妙关系的毛延寿等；魏晋时如《三国志》的作者陈寿，南北朝时如北魏长寿、房法寿，等等；唐代如朱延寿、史学家李延寿等；宋代如朱寿昌、朱寿隆、李南寿、陆九渊的弟子丘元寿、杨简的门人何元寿等；明代如陈谦寿、项笃寿、开国元勋徐达之子徐增寿、明末降清的祖大寿，武宗正德皇帝好大喜功，以巡边为乐，自称威武大将军朱寿，等等；清代顾寿南、张寿荣、傅寿恭、陈鸿寿，等等。《清稗类钞》有“三抚名片易一字”条，说：

> 光绪间，江西巡抚德馨既解职，继之者为德寿。德寿去，则继之者为松寿。皮鹿门（锡瑞）尝语人曰：“此三人名片，但须易一字耳。”

这是当笑谈讲的。而我们看到，此三人中，两个人的名字中有“寿”字。巧合在一个“寿”字上，确能反映命名的一般心态。

不用“寿”字而表达同样愿望的名字也很多，汉代如车千秋、陈万年、蔡千秋、李延年、孔延年等；曹魏时期如左延年，北魏时如朱长生，等等；唐代如房玄龄、张万岁等；宋代如尹长生、濮万年、鲜大年等；明代如鲜延年、祝万龄、陆万龄等；清代如贺长龄、毛奇龄、沈永年等。

清代还有一个“以名得大魁”的故事。乾隆末年，清高宗年事已高，取阅殿试的十本卷子，看到最末一名叫胡长龄，龙颜大悦，说：“胡人乃长龄耶？”就把此人点为状元（《清稗类钞》）。

乾隆皇帝大概觉得这个名字是个好兆头，预示他这个满族人能长寿，所以赶紧把胡长龄点了状元。这个传闻很适合人们的普遍心理，所以能不胫而走。

此外，与长寿有关的典故、人物、动植物等，往往被人们取以命名。传说中的人物彭祖，活了八百岁，成为大家歆慕的对象。唐代有李彭年，宋代有名臣陈彭年，有李彭字商老，李彭老字商隐（传说彭祖一直活到商朝末年，所以二人的字中都举商为义），清代有初彭龄、彭之寿、刘彭年。这个刘彭年和清代一件逸闻有关，据《清稗类钞》“试差取吉名”条载：

> 光绪间，某科云贵试差，所简四人，考差均非前五名，孝钦后特圈出李哲明、刘彭年、张星吉、于齐庆，合成“明年吉庆”四字。（孝钦后即慈禧太后。）

乌龟是长寿的动物。司马迁听江南父老说，龟能导引致气，能活千岁。褚少孙记述，南方老人用龟支床足，二十多年以后，老人死了挪开床，龟还活着。（《史记·龟策列传》）人们命名用龟字，即寓此意。如唐代李龟年，王龟字大年；宋代张龟年，彭龟年字子寿，刘龟年字且老，徐龟年，王十朋字龟龄，徐梅龟字癯叟等。元明以降，乌龟成为骂人的俗语，很少有人再用来命名。

鹤是与龟并称的长寿动物，晋代葛洪《抱朴子》中即说："知龟鹤之遐寿，故效其道引以增年。"金代有完颜鹤寿，明代有回族人丁鹤年，还有张鹤龄、杨鹤字修龄（修亦长之意），清代有沈鹤龄、朱鹤龄、耶鹤寿，等等。

白居易诗有"松柏与龟鹤，其寿皆千年"，古人以松柏二种植物命名，寓意长寿者很多，尤以松为常见。南朝刘宋时的史学家裴松之字世期；宋代有吴松年、宋松年、孙松寿、刘松老；清代有蒲松龄、许松年、乔松年，彭大寿字松友，刘松山字寿卿，等等。以柏命名的如南齐范柏年，清代王柏心字子寿，郭柏荫字远堂等。

《庄子》中有"上古有大椿者，以八千岁为春，八千岁为秋"的说法，因而以椿命名的人很多，清人王大椿直接以《庄子》原文为字，表字就称"八千"。此一类名字如北周梁椿字千年，宋代李椿字寿翁，还有李椿年、邵大椿、余椿年、方椿年，明代边一椿字汝寿，清代任大椿、叶大椿，等等。

当然，象征长寿的故实绝不限于上述所举范围，以上仅是就最常见又最明白易晓的命名取意，约略举隅，即此已可见历代都有不少企盼长寿的心灵在祈祷默祝，这恐怕正是神仙方士和道教丹徒存在的社会基础。

消灾免病和逢凶化吉的期望

疾病是人类的大敌，总是在干扰破坏人们的正常生活，时至今日，医学的进步早已到了一百年前无法想象的程度，但依然无法完全彻底地解决这个问题。而在古代，人们心头怎能不笼罩着一重阴霾？怎能不为健康问题焦虑？这种心情反映在命名的时候，就有了消灾免病一类的名字，寄托着对得名者的深爱，苦心一片，欲邀天人共鉴。

先秦时楚平王篡位之前名弃疾，即位后改为居；汉代有骠骑将军霍去病，晋代有司马忌字公寿，北周有司马消难，宋代有冯去疾、黄去疾、著名词人辛弃疾，清人有苏去疾，等等。前些年名声骤起的海灯法师，据说俗名范无病。

这一类倾向消极的名字较少，更多是从积极的意义上命名，从正面表达这种意愿。历史上知名的就有三个任安，西汉时的益州刺史任安，东汉时儒者任安，宋代画院画师任安。又如宋代石保吉，明代张永安，清代王永吉，这类名字不胜枚举。

安、吉这一类名字内涵很大，不仅有消灾免病的意思，还包括了免除所有天灾人祸的用意，因此名字中用得最多。不管社会地位，不管文化程度，无论什么人都喜欢大吉大利、吉祥如意。健康、幸福、光明、美好，一切良好的祝愿都包含在内，惟愿逢凶化吉，遇难呈祥。所见最多的是以吉命名的现象，仅《宋史》列传里的就有栾崇吉、袁逢吉、王吉甫、孙逢吉、冯吉、张惟吉、甘昭吉、梁从吉，附传有石保吉、薛惟吉、张从吉、慎从吉、张吉，可见出现频率之高。

使用吉祥类的字命名，也包含着对命运的祝福。人们生活在社会中，被各种错综复杂的关系所左右，无法预料在人生之旅将会发生什么事，不知道以后会处于何种境地，因而只能对前景有所希冀，期望不要出现厄运临头的局面，命名是表达这种愿望的方式之一。除“吉”字外，“亨”、“通”之类的字也较多见，汉代有大富豪名邓通，隋有学者名王通，元明时都有叫王通而见于史册的人，宋代有画家赵元亨，明代有毛泰亨，等等。

清代还有一则“名亨而不亨”的故事：

光绪间，有田世亨字子贞者，其先世以武功为睢阳卫指挥，遂籍焉。幼丧父，复不慈于其母（其母去世），凡冠婚诸事为人道所当有者，辄龃龉不得当，年益壮而穷益甚。布政使某，其父之同年生也，乃以书属世亨于州某牧，曰：“此吾年家子也，幸善视之。”州牧召世亨，汤沐之，置酒食，备主人礼。饮未半，仆人报某左官，草草罢去。已而有一人按察中州，亦其父同年也。世亨上谒，慰问周至，问有子读书否，对以有子且读书，则曰：“学使者吾密友也，吾当为游扬，隶若子于庠。”已而学使者迁去，遂不果。世亨每出，虽晴而中道逢雨，归则又晴。每访人于附近村聚，某人必于前一二时许他出。或持钱入市，有所求，则所求之物适亡矣。如是者数十年，累试不爽。人皆笑曰：“君名世亨，何竟无一事之亨也？”世亨因自号钝庵。(《清稗类钞》)

出门下雨、访人不遇、买货告罄之类的事太玄，不可能总是遇到这样的事，但找了两个关系户，正要解决问题，偏偏或降职或调任，空欢喜一场，确乎是不亨之至。此可见期望与现实的距离是多么遥远。也正是现实中的坎坷乖蹇，人们无法扼住命运的喉咙，才希望交好运，希望万事亨通、吉星高照。

以上几个方面的社会心理，实际都有关联，吉利的祝福自然有福禄富贵的含义；亨通的理想极致不过是仕途得意，青紫加身；长寿的愿望同时也是对疾病的憎恶和诅咒，不好分得很清楚。以上只是为了叙述的方便，才勉强划分开来。而现实中的思想感情之复杂程度，恐怕怎样表述都会流于简单化、概念化，只有用生活中的真情实感去体会那些寄寓厚望的名字，才能真正把握其内在的底蕴。

三
名字中的伦理精神

有人说我们中国的传统文化是伦理型文化，或者竟认为中国没有哲学，只有伦理学。不论我们对这种意见赞同与否，都得承认它反映了伦理学说、道德观念在我国传统文化中的重要地位。对伦理道德讲得最多的是儒家，这一家正好在中国文化中占据着主导地位。从孔子的君君臣臣父父子子讲到君臣、父子、夫妇三纲，又讲到君臣、父子、夫妇、兄弟、朋友五论；从“克己复礼为仁”讲到“仁、义、礼、智、信”五常；我国封建社会中的纲常名教好似欧洲中世纪的上帝，时时制约着人们的言行。道德至上又是传统文化的价值取向，孔子品评他的学生，分为四类：德行、言语、政事、文学，他最钟爱的弟子颜回列在第一类，是最高褒奖。汉代举士，有孝廉、贤良方正、经明行修等科，差不多全是以道德标准来衡量人才。后代儒者都强调道德实践，要求践履笃实，不管提倡知先行后还是知行合一的学者，都说“行”是目的，“行”的主要内容是指道德实践。人们骂的假道学，就是指这些人不能很好地进行道德践履。历史上出了一个用人不重品德的曹操，说“唯才是举”、“盗嫂受金”之人也可以重用，可惜影响不大，多少年来还在戏台上被画个大白脸。反观历史上的人名，以美德命名者比比皆是，也是上述价值取向的佐证。

以美德命名

名字是一个人的完整代名词，与这个人的人格、名誉等浑然一体，所以近来常有人在报端呼吁保护名字使用权。但是取名的寓意和名主的行为并没有联系，有嘉名的人未必有嘉言懿行。然而，有嘉名毕竟能首先给人一个好印象，何况名字多是长辈所命，体现的是良好的祝愿和期许，故而以美德命名的现象屡见不鲜，历久不衰，从而使道德至上的社会文化氛围更浓郁了。以下我们略取数例，以窥全豹。

德，有品行高尚的含义，有德之人最受尊敬，名字如：曹操字孟德，刘备字玄德，朱德字玉阶，李宗仁字德邻。

仁，人际关系的道德规范，“仁者爱人”。“夫仁者，己欲立而立人，己欲达而达人”；又是行为规范，“克己复礼为仁”。仁的境界很高，是早期儒学家说的核心范畴，甚至扩展到政治领域，理想的王道政治所行的即是仁政。名字如：魏曹仁字子孝，唐薛仁贵，明代阳明先生王守仁字伯安，“戊戌六君子”里康有为的弟弟康广仁字有溥。

义，宜也，应当做的事。有公正、合理的含义。成语有“见义勇为”、“舍生取义”等，为事业或信念被杀害称就义，不避危难、抗暴除害的人称义士。“义”这种道德观念在民间十分崇尚，所以有“结义”“聚义”等活动名称。名字如：孙吴的韩当字公义，唐代有人称“笑中刀”“人猫”的李义府，诗人李商隐字义山，宋代有李义山字高伯。

忠，在封建社会，主要是指臣下对于君主的忠诚，朱熹说，“尽已之谓忠”(《论语集注》)，即全心全意地报效君主。忠也包含诚实之意。如“忠厚”一词的含义，因此也可以用于一般人际关系，作为道德准则。名字如：唐杨贵妃之兄杨国忠，宋代抗金名将韩世忠字良臣，明代称“九千岁”的宦官魏忠贤，现代史上有抗日名将张自忠。

孝，家庭中晚辈对长辈的道德准则，《说文》解为“善事父母者”。在儒家的理论中，孝又是其他道德规范的基础，《论语》中有“其为人也孝悌，而好犯上者，鲜矣”；“君子笃于亲，则民兴于仁”。扩展到了极致，则有这样的说法：“居处不庄，非孝也；事君不忠，非孝也；莅官不敬，非孝也；朋友不信，非孝也；战陈（阵）无勇，非孝也。”孝是“置之而塞乎天地，溥之而横乎四海，放诸后世而无朝夕；推而放诸东海而准，推而放诸西海而准，推而放诸南海而准，推而放诸北海而准”（《礼记·祭义》）的绝对性原则。古人宣传的二十四孝的故事，今天看来可能有些滑稽，不过那种近似于宗教情绪的狂热态度，是有很深厚的社会文化根基的。孝在我们的文化传统中确如《礼记》中的描述，在所有的道德准则里最有普遍性。名字如：曹操的谋士郭嘉字奉孝，刘备的属下法正字孝直，唐代有祖孝孙，明代有死于靖难之役的方孝孺。

信，朋友之间的道德准则，其实亦即一般社会交往中的道德规范。信即诚实不欺，遵守诺言。这大概是最没有封建性的道德律令，在今天仍须大力提倡，商业要讲信誉，任何人都应诚信不欺，如此则社会风气会好得多。名字如：汉代有韩王信和淮阴侯韩信，隋末有瓦岗军将领单雄信，明末李自成起义军中有李信。

谦，谦虚是美德。古语有“满招损，谦受益”，《周易》称“谦谦君子”。如能做到“知之为知之，不知为不知”，待人接物没有倨傲之色，无疑是一个受欢迎的人，古今皆然。名字如：汉末陶谦字恭祖，宋代吕祖谦字伯恭，明代于谦字延益，明清之际有吴晗称之为社会贤达的钱谦益字受之。

恭、敬、钦，在道德范畴里意义略同，是规范行为态度的准则，在等级结构的社会里很受重视。封建社会有一条罪名叫“不大敬”，弄不好就要掉脑袋。名字如：汉初有娄敬（得到赐姓后改名为刘敬），孙吴鲁肃字子敬；宋代“五鬼”之一王钦若字定国，沧浪翁苏舜钦字子美，明代学者罗钦顺字允升；汉代有丁恭字子然，清初归庄字元恭。

俭，美德之一。在农业社会里，高消费只是极少数人的特权，大多数人必须节俭，才能维持生活和简单的再生产。因此，社会上流行节俭为美德的看法，越是下层人民，越崇尚俭德。名字如：东汉有谭嗣同绝命诗中提到的“望门投止”的张俭，唐代裴行俭字守约，宋代吕祖俭字子约。

以美德为名见于史册者所在多有，在我们的周围也触处可见，而且远不止以上所举这几类。限于篇幅，不再论列。不过，即此也可以窥见我们的名字中有多么丰富的伦理道德的内容，展读一册古代人名录，就可以学到不少传统伦理学说的知识。

对高尚人格的景慕

历史人物既经盖棺定论，往往为后人所仰慕，仰慕的对象当然是舆论所推许的人物，这本身既是对古人的道德评价，也是对后人行为的引导。古今许多人名中表现了对高尚人格的景慕，反映的就是这样一种社会现象，因此我们把这种命名形式归入伦理精神一类。

先秦时期的人物评价有“三不朽”之说，叫做“太上立德，其次立功，其次立言”。道德高尚、建功立业、著书立说，都是人物得以不朽的名山事业，但等第有别，“立德”是最高一等。后代评价人物往往用忠臣、奸臣，君子、小人，道德判断更其重要，这是一般的趋向。人们命名择取古圣先贤，往往是各取所需，总由性之相近，着眼点不同，但大致不出“三不朽”的范围，而以高尚人格为标的。笔者还没有见到有哪个反潮流的英雄，取“慕桀”“景纣”“师跖”之类的名字。这就是道德评价的制约力量。

命名的寓意为景慕古昔圣贤，大致有两种形式，一是完全袭用古人名字，如汉代司马相如，崇敬蔺相如的为人，就直接用他的名字；再是名字中就道出仰慕师法之意，如清人汪师韩，字抒怀，则是要以韩愈为师。宋代时人们用此类名字很多，有人不以为然，说当时的人“不以希颜为名，则以望回为名；不以次韩为名，则以齐愈为名，甚为可笑也”（《萤雪丛说》）。大家都用颜回和韩愈来命名，就难免受到讥讽。其实是见贤思齐的意思，只是扎了堆就不好了。而直接用古人的名字，或明取或暗合，摆出天降大任于斯人的架势，反而倒没人说什么了。

以下我们用《宋元学案》中宋元两代学者的名字为例，介绍一下这类名字的盛行状况。其中如姚述尧、陈舜俞、范祖禹等，表示“祖述尧舜，宪章文武”的意思，以这些特别著名的古代圣王的名字命名，就不再罗列。

帝舜时有典乐之官名，他的职责是使“八音克谐，无相夺伦，神人以和”（《尚书·尧典》）。名字有潘景夔，胡师夔，李夔字师和。

商汤时有名臣伊尹，佐汤伐夏桀，被尊为阿衡。名字有潘景尹，许景衡字少伊，高耕字志伊。高耕的用典出于《孟子》“伊尹耕于有莘之野，而乐尧舜之道焉”。

商高宗之相名傅说，起于傅岩中。名字有张宗说字岩夫。

周成王时有召公，与周公夹辅成王。《诗经·甘棠小序》云：“《甘棠》，美召伯也。召伯之教，明于南国。”名字有郑棠字景召。

春秋时吴国公子季札，封于延陵，称延陵季子，以多闻著称，以让王位得贤名。名字有李季札字季子。

孔子，春秋时期鲁国人，曾为鲁司寇。名字有李仕鲁字宗孔。

孔子弟子颜回字子渊。名字有郑宗颜，赵师渊字几道，陈渊字几叟，钟如愚字师颜，张庶字曦颜。“庶”与“几”为名，取义于《周易·系辞下》“下曰：‘颜氏之子其殆庶几乎！有不善未尝不知，知之未尝复行也’”；及《论语·先进》孔子语“回也其庶乎，屡空”。“如愚”见《论语·为政》孔子语：“吾与回言终日，不违如愚。”

孔子弟子曾皙名点，当孔子问他的志向时，答道：“莫春者，春服既成，冠者五六人，童子六七人，浴乎沂，风乎舞雩，咏而归。”孔子喟然叹曰：“吾与点也。”（《论语·先进》）名字有蔡希点字子与，冯曾字圣与，赵师皙字咏道。

孔子弟子、曾皙之子曾参，孔子曾说过“参也鲁”（《论语·先进》）。名字有沈鲁曾，侯绍曾字孝杰。孝杰命字，取义曾参事亲至孝，又传《孝经》。

孔子弟子冉雍字仲弓。名字有叶师雍，黄师雍字子敬，赵师雍字然道。以子敬为字，是孔子告诉仲弓仁者“出门如见大宾，使民如承大祭”（《论语·颜渊》）；以然道为字，是《论语·雍也》篇中有孔子语“雍之言然”。

孔子弟子仲由字子路。名字有黄由字子由。

孟子被后人誉为醇儒。名字有马希孟字彦醇，赵希孟字醇叟，邓传之字师孟。

汉初贾谊有令名。名字有丰谊字叔贾。

董仲舒对确立儒学的独尊地位有特殊贡献。名字有董景舒。

后汉黄宪字叔度，有贤名，人称其“汪汪若千顷陂，澄之不清，淆之不浊”(《后汉书》)。名字有潘景宪字叔度，章宪字叔度，黄度字文叔。

唐代李泌周旋于仕隐之间，声名特重。名字有李应字希泌。

韩愈字退之，人称韩昌黎。名字有姚愈字次愈，潘景愈字叔昌。(以上所举或有未尽。有名无字者概是不传，笔者不曾有意略去。)

《宋元学案》中这些名字大都是以所谓“立德”者为标的，少有例外。

唐代有人名员半千，字荣期。他原名余庆，有人说：“五百年一贤者生，子宜当之。”所以改名半千。这样的名字也有人袭用，宋代有薛半千，字子中。

《清稗类钞》收录“王广心原名谁”的故事，与仰慕古人有些关系：

王广心侍御，原名谁，年十三入泮。宗师怪其名，王应声曰："取萧何之义耳。"宗师大赏之。

说"王谁"之名是取义于"萧何"，因为古时有"谁何"一词，两个字意思相同。

另外，还有极个别欲与古人争衡的名字，例子太少，难以单独为类，究其实质，总与前代名人相关，故附于此。柳宗元《李赤传》中的江湖浪人李赤，自诩能诗，与李白可以比肩，因此名为李赤。唐代还有两个李赤的同调，一个叫张碧，字太碧，比拟李白字太白；另一个叫黄居难，字乐地，比拟白居易字乐天。在名字上搞这样的并驾齐驱，而又不自量，殊少敦厚蕴藉的士大夫风范，因而在古代常被当做笑料。

四
名字中的宗教气息

我国历史上的宗教，举其荦荦大者，只有佛道二家。佛教是第一次西学东渐传入的，道教则是本土上产生的。二教在汉末兴起之后，遂与儒家相颉颃，互相斗争又互相融合，形成封建文化发展的基本过程。我们的哲学、文学、建筑艺术、雕塑、绘画、音乐，以至于自然科学中，都能看到佛教和道教的内容。

儒佛道三家在历史上虽然斗争很激烈，但正如李泽厚所说的，“中国思想传统一般表现为重‘求同’。所谓‘通而同之’，所谓‘求大同存小异’，它通过‘求同’来保持和壮大自己，具体方式则经常是以自己原有的一套来解释、贯通、会合外来的异己的东西，就在这种会通解释中吸取了对方、模糊了对方的本来面目而将之‘同化’。秦汉和唐宋对道、法、阴阳和佛教的吸收同化是最鲜明的实例。引庄入佛终于产生禅宗，更是中国思想的一大杰作。在民间的‘三教合流’、‘三教并行不悖’、孔老释合坐在一间殿堂里……都表现出这一点。”(《中国古代思想史论》)这就是一个文化传统，因此我们就看到了《红楼梦》中形影不离的一僧一道，徜徉于人间，象征着世俗生活之上的智慧，为人们烦躁不安的灵魂指点出路。因此在城乡各处林立着寺观庙宇，善男信女在进香叩头时很少想到辨别教门。杂乱无章的多神崇拜，供奉天地君亲师，也顶礼佛、菩萨、玉皇、玄女、财神、灶神、水神、关帝、土地、城隍等，正是旧社会广大人民的宗教观。即使是士大夫家庭，也大多如此。我们看《红楼梦》里对秦可卿死后丧事的一段描写，就更清楚了：

> 请钦天监阴阳司来择日，推准停灵七七四十九日。三日后开丧，送讣闻。这四十九日，单请一百单八众禅僧在大厅上拜大悲谶，超度前亡后化诸魂，以免亡者之罪。另设一坛于大香楼上，是九十九位全真道士，打四十九日解冤洗业醮。然后停灵于会芳园中，灵前另有五十众高僧、五十众高道对坛，按七作好事。(脂批本第十三回)

可以看出，在这种文化氛围中，祈福求佑的心理占主导地位，宗教信仰很无所谓，一件丧事，既有钦天监阴阳司作为官方和儒家的代表，又有僧道二众的水陆道场和醮坛法事，几样货色齐备，各有各的用处。

明乎此，再来研究我国人名中的宗教内容，就不必仔细寻索具体名主的家庭信仰或本人倾向，一般说来都和追度亡灵的法事同属一种心理，只不过是欲求神道呵护、菩萨保佑。只有一小部分名字与家族的宗教信仰有关，在整体上多神崇拜、不论教门的氛围中显得无足轻重。

宗教内容的名字在南北朝时期流行开来，赵翼在《廿二史札记》中指出“元魏时人多以神将为名”，专列一条，说：

北朝时人，多有以神将为名者。魏北地王世子名钟葵（即钟馗），元叉本名夜叉，其弟罗本名罗刹。孝文时又有菩萨。尔朱荣子一名叉罗，一名文殊。梁萧渊藻小名迦叶。隋时汉王谅反，其将有乔钟葵。隋末有贼帅宋金刚。唐武后时，岭南讨击使上二阉儿，一曰金刚，一曰力士，即高力士也。

他所举的，佛道二教都有，不过全是所谓的“神将”名，即宗教中的人物或执事名。萧遥天在《中国人名的研究》中再扩展开来，说：

自汉季佛法东渐，至六朝而盛，张陵的五斗米道也于此时盛行，故当时的知识分子，思想多是仙佛圣贤杂糅，命名也受影响，小名已（有）不少僧哥、摩诃之类。观《南北史表》，僧字在命名上的流行，仅次于“之”字。如乌丸王氏有僧辩、僧智、僧愔、僧修。琅琊王氏更不避同名之讳，八世有僧朗，九世有僧达、僧谦、僧绰、僧虔、河东柳氏有僧习、僧珍、僧景，吴兴姚氏有僧垣，兰陵萧氏有僧珍，陇西李氏有僧伽，济阳江氏有僧安，清河崔氏有僧护、僧佑、僧深，陈郡殷氏有僧首……此外有王昙首、王昙亨、荀昙、李瞿昙、姚悉达、周法僧、殷梵童、刘法护、姚菩提、崔目莲，陈的显宦萧摩诃，尤为出色。

他举的南北朝时期的名字全是佛教内容，而忽略了道教的内容。五斗米道的信徒有以“之”命名的习惯，前已专门论列，而“道”字也多见，如宋宗室诸王就有长沙景王刘道怜、临川烈武王刘道规；齐高帝萧道成，其兄衡阳元王萧道度，始安贞王萧道生；梁武帝萧衍之祖名萧道赐，还有檀道济、刘道产、蔡道恭、冯道根、钱道戢、檀道鸾、王道盖、范道根、郝道福、庚道愍、沈道虔、孔道微等，可谓不少。至如王神念、马仙人这类名字，也是道教气息很浓。

唐代这类名字还有，如裴寂字玄真，李靖字药师，李端字药王，一望可知是道教的内容。再如高仙芝、牛仙客、裴守真、牛僧孺、张道源、李玄通、李玄道、张玄素、李敬玄、吴通玄、杜三微字金刚、卢楞伽等，以道教为多，可能是李唐王室尊老子为祖，拼命抬高道教的影响。

诗人王维，是盛唐时期的名家，他的诗画都有很高的成就，人称其“诗中有画，画中有诗”。他的诗深得禅趣，名字也全取自佛教，名维字摩诘，却出了笑话。曹聚仁《中国学术思想史随笔》引述了这样一件事，说陈寅恪能运用梵文、巴利文、藏文、满文、蒙文，所以对佛经的勘误贡献很大。有一次他指出王维字摩诘，在梵文中，“维”是降伏之次，“摩诘”则为恶魔，那么王维便是名为王降伏，字为王恶魔了。

自韩愈提出儒家的道统，极力反对佛老，宋代诸儒开创理学，以辟释老二氏为当务之急，此类名字在史册上就很少见到了。不过欲求神佛护佑的心理仍有，《道山清话》载：

> 一长老在欧阳公座上，见公家小儿有小名僧哥者，戏谓公曰：“公不重佛，安得此名？”公笑曰：“人家小儿要易长育，往往以贱名为小名，如狗、羊、犬、马之类是也。”闻者莫不服公之捷对。

其实这只是狡黠的掩饰。我们看南朝时刘宋前废帝小名法师、齐废帝郁林王小名法身、梁敬帝小名法真、陈武帝小名法生、陈宣帝小名师利，都是这一类，绝无轻贱的意思，想靠宗教的法力达到“易长育”的目的倒是实情。由此能够看出在小名的传统中，因为它的非正式性，反而更能畅快地流露宗教情感。在欧阳修的家中尚且有那样的小名，儒家正统思想不太严重的人则可以概见。

在辽、金、元时期，佛道内容的名字又多了起来。我们仅从正史中就能看到好多，如《辽史》列传的人物有萧观音奴、萧和尚、耶律和尚、耶律仙童、耶律大悲奴、耶律道德，《皇王表》中有普贤奴、药师奴，《皇族表》中有度观音、度仙童、罗汉奴；《金史》列传的人物有完颜奕原名三宝、完颜希尹原名谷神、移剌福僧、武仙、吴僧哥、奥敦丑和尚、完颜陈和尚、李老僧、郭药师、冯妙真、张元素、张玄素，《宗室表》中有和尚；《元史》列传的人物有两个名和尚的人，一为玉耳别里伯牙吾台氏，一为乃蛮台氏，有道童、郝和尚拔都（汉族）、观音奴、叶仙鼐、萧道寿、郭道卿、万妙真，《宰相年表》有三宝奴、山僧、佛家奴。取这一类名字的，以契丹、女真、蒙古族人居多，而且和元魏时多以神将为名的风气相近，可能是由于少数民族本身的文化根基较浅，极易受外来宗教的影响，所以有这样的现象。另外，这类名字实际是小名，后来沿用不改，大约是民族习惯，只有极少数人又正式命名，如完颜三宝改为完颜奕。

直到清代，六朝流行的那种小名还能见到，《清稗类钞》有“汪钝翁程可则小字”一条，载：

> 汪钝翁小字液仙，程可则小字佛壮。王阮亭有诗云：“佛壮谈诗登秘阁，液仙趋府算钱刀。”（原注：钝翁先除户部）一佛一仙，天然对偶。

见于载籍的僧侣、道士名字也不少，各自有其宗教的组织性，和世俗社会人名中的宗教内容性质不同，应该作专门的研究，这里就付诸阙如。

当今学术界对于作为学派的道家和作为宗教组织的道教有严格的区别，但是古人一般将二者混为一谈，称老氏即指代道教，所以名字中间或有道家学派的思想印痕，在古人原也是当做道教特征看待的，我们就没有再加甄别，这是需要说明的。

五

阴阳五行等理论模式在名字中的显现

在我国传统文化的长河中，有不少古代思想家所创立的理论模式。这些理论思维的成果是对自然界和人类社会进行探索，作出自己解释的一种尝试，但其中有一些影响日益增大，经后代人不断增补完善，日趋定型。本来是一种思想学说或理论体系，经过长时间的推阐演绎，加上迷信思想的推波助澜，使之神秘化，不但在政治生活中发生影响，而且在日常生活中也有所反映，成为人们的一种思维习惯。人们取名固然不能完整地反映一个理论模式，但又不可避免地要打上一些印记。古代的理论模式以阴阳五行学说和《周易》八卦的影响最为深远，在人名中也时有显现。由分析人名来考察此类理论模式在民族文化—心理结构中的比重，不失为一个角度适中的窗口。

名字与五行

战国时期，齐国有个人叫邹衍，绰号“谈天衍”。此人学问十分广博，想象力又很丰富，有感于当时各诸侯国的统治者务淫侈而不尚德，就著书推论盛衰之理，涉及天地未生之先，囊括宇宙起源到当时的整个历史过程，创立了一种新颖的学说。这种学说，名叫“五德终始”，是利用当时已有的关于水、火、木、金、土五行的观念，以及五行相胜的关系，用五行各代表一个历史阶段，认为王朝的更替是由五行之德的兴废决定的。这种学说在汉代很是流行，内容又有变异和增益，终于成为定型的理论模式。阴阳五行的理论模式包容了许多自然现象和社会现象，如五色（青、赤、黄、白、黑）、五声（角、徵、宫、商、羽）、五味（酸、苦、甘、辛、咸）、五脏（肝、心、脾、肺、肾）、五情（喜、乐、欲、怒、哀）、五常（仁、礼、信、义、智），等等，每一种现象的五种内容都与五行相生的顺序（木、火、土、金、水）相配合。作为一种理论模式，五行有三种最基本的相互关系，即生成、相生、相克（相胜），其顺序也各不相同。五行生成的顺序是水、火、木、金、土，据说是天一生水，地二生火，天三生木，地四生金，天五生土。五行相生的顺序是木、火、土、金、水，木生火，火生土，土生金，金生水，水生木。五行相克的顺序是水、火、金、木、土，水克火，火克金，金克木，木克土，土克水。五行之间相互关系的灵活运用，就成为解释自然界和人类社会中各种现象的理论依据。

人名并不是阴阳五行学说解释的社会现象，而是这种理论模式流传日久，在人们头脑中扎根，自觉地在命名时套用了这一模式，才使得五行与人名发生了关系。具体的一个名字，无论如何它的文化内涵也不会太大，但它的底蕴却是深广的历史文化背景，很可以发人深省。几个人名联系在一起，构成五行运转的图式，这样一种文化现象大约可以算作另一个“世界之最”。

学者发现，在唐朝时，有人命名用五行相生的顺序，取有金、木、水、火、土偏旁的字为名，一家中代代相承。如父亲取木字旁的名字，据五行相生之序，木生火，那么儿子就取火字旁的名字。唐代人毕构，六岁能作文，二十岁就中了进士，做官很有声望，两《唐书》都有传。他的名字是木字旁，他的儿子用的即是火字旁，名叫毕炕。他的孙子呢？准五行相生之序，火生土，叫毕坰，另一个叫毕增。遗憾的是，他的曾孙、玄孙名不登史册，我们无由得知了。

五行相生的顺序在汉代就代替了五行相胜，而用以标志历史上更迭的朝代。这一模式解释历史的演进在今天看来固然荒唐，可是用相生代表父子之间的关系，却又很熨帖，难怪宋代出现了不少用五行命名序辈的例子。如宋代大思想家朱熹，他这个名字的“熹”字下面四点是火字旁，《说文解字》说：“熹，炙也。”本意是烤肉。朱熹的父亲叫朱松，而他的儿子一个叫埜（“野”的异体）、一个叫朱在，三代之序井然。木生火，火生土。朱熹的孙子名不见史册，无由稽考，而他的曾孙名叫朱浚，是宋理宗的驸马，土生金，金生水的顺序宛然犹在，五行相生的图式很完整。再如为人所不齿的秦桧，他儿子叫秦熹，孙子叫秦埙，三代也是五行相生之序（见《十驾斋养新录》）。此类例子尚多，足见在当时五行相生序辈很流行。用这种方式命名，不但隐含生生不已、子孙绵延的意图，而且祖孙几代名字放在一起，无须说明，稍具常识者即能分辨其辈分，在长幼尊卑很严格的礼教盛行时期，也可以说是一种很不错的命名方式。

与五行模式有关的还有一种命名方式。鲁迅小说《故乡》中有这样一段描写：

> 深蓝的天空中挂着一轮金黄的圆月，下面是海边的沙地，都种着一望无际的碧绿的西瓜，其间有一个十一二岁的少年，项带银圈，手捏一柄钢叉，向一匹猹尽力的刺去，那猹却将身一扭，反从他的胯下逃走了。这少年便是闰土。

这一幅神异的图画给人印象深刻，闰土这个名字也让人难以忘却。关于闰土的名字，鲁迅专有一节文字：

我早听到闰土这名字，而且知道他和我仿佛年纪，闰月生的，五行缺土，所以他的父亲叫他闰土。

这种命名方式显然是出于迷信思想，主要来源是算命先生的骗术。不过，“盗亦有道”，算命先生的说法也有其思想根源。宋明理学中即有此类论述：“盖人之所以有万殊不齐，只缘气禀不同。这气只是阴阳五行之气，如阳性刚，阴性柔，火性燥，水性润，金性寒，木性温，土性重厚。七者夹杂，便有参差不齐。”（《北溪字义》）到了算命先生那里，人所禀赋的五行之气便决定着他的天赋高低和命运好坏。但怎样才能知道每一个人所禀的五行之气呢？这又和生辰八字有关。一个人出生的年、月、日、时，都是用天干和地支相配，生辰八字就代表了人所禀赋的五行。按一般的说法，天干与五行相配是：甲、乙属木，丙、丁属火，戊、己属土，庚、辛属金，壬、癸属水。地支与五行相配是：寅、卯、辰属木，巳、午、未属火，申、酉、戌属金，亥、子、丑属水，土则寄于辰、戌、丑、未之间。把这些配合的顺次都记熟了，知道生辰八字，也就知道五行是否完全。至于五行与个人命运的关系，那就是算命先生的事了，兹不赘述。

由于迷信思想的作怪，父母为子女取名就有了考虑调和五行的现象。有的学者总结了许多此类命名现象，用意大致和“闰土”相同：

> 今人迷信星命，为求五行盈虚调和，常取五行金、木、水、火、土加于名字，藉以补救“生辰八字”的欠缺。像名森的必其八字缺木，名鑫的必缺金，名焱的必缺火，名尧的必缺土（引者按：尧的繁体字为堯，有三个土，异体字即直接为垚），名淼的必缺水。也有的置金、木、水、火、土于偏旁的，分量的增减，视其欠缺多少而定。打开一切人名记录，这一类的名字触目皆是。很多使用这类名字的人，本身并不相信星命，但星命在家庭里面已有传统的根苗，幼年时代父母给他定名如此，长大也无法再改了。(《中国人名的研究》)

名字与八卦

八卦由来已久，相传是伏羲氏发明的，它是作为《周易》书中的基本结构保存在我们文化传统中。八卦有一种神秘气息，不但能占筮，预测未来，又包含高深的哲理，还和道教、武术、军事等都发生了关系，影响至深且巨，我们很难用三言两语说清楚它。这里，我们只就其在《周易》书里的作为理论模式的一个侧面略作说明。

大多数学者都认为，儒学是我国传统文化的主体。《周易》一书，按照比较通行的说法则是儒家经典之首。之所以摆到这样的位置，是因为该书保存了最古老、最深奥的思想。《周易》是一部包罗万象的著作，其在古代人的心目中，占据着学术殿堂的最高位置。今天人们努力发掘的是《周易》的哲学思想，又盛赞它与电子计算机基本原理的数学二进制有相类似的数理形式，民间却还有人用它来占卜吉凶。

我们研究人名，也随处能见到用《周易》的内容命名的实例。如明代有一位在乡村教私塾的冬烘先生，因编了一部《五伦诗》（吟咏君臣、父子、夫妇、兄弟、朋友之间道德规范的诗集），留下了他的名字，这名字径直用《周易》的书名，叫沈易（姓沈氏），字翼之，取意是孔子作《十翼》阐发《周易》。三国时蜀汉名将赵云，字子龙，是用“云从龙，风从虎”（《周易·乾卦·文言》）之说。唐代有一位精通品茗之道，后被尊为“茶神”的陆羽，字鸿渐，摘取《周易·渐卦》“鸿渐于陆，其羽可用为仪”的文句。辛亥革命时期，陕西有“西北革命擎天柱”之称的一代英烈井勿幕，名字几乎是直接从《周易·井卦》中抄出来的一句爻辞。

使用《周易》中文句命名的现象在古代屡见不鲜，不胜枚举。而《周易》中的八卦被结构为一种理论模式，也能在名字中觅到其踪迹。八卦的理论模式主要容纳了宇宙生成图式和世间万物，如太极、两仪、四象、五行、方位、动物、人体、家庭成员等。八卦的理论模式不如阴阳五行整齐，其系统内的反馈机制不如后者简便易循，又没有对社会历史的具体规范，因而影响也不如后者大。但八卦最基本的功能是占筮，人们出于趋吉避凶的迷信心理，又乐于从此中找到安慰，所以还是有人在八卦的理论模式中撷取嘉名。

八卦最基本的空间结构比阴阳五行学说更为精密，标志着八个方位，人们取名往往与此有关。八卦与八方的相配是：震为东方，巽为东南，离为南方，坤为西南，兑为西方，乾为西北，坎为北方，艮为东北。南宋末年有一位很渊博的学者叫黄震，字东发，八卦与方位的配合在名字中对应起来。发的意义和震卦为雷相照应，《礼记·月令》记仲春之月“雷乃发声”；又与模式中“万物出乎震”有关，因其中包含“发生”的意思。所以取名为震的人多用“发”为字，如南宋初年称为汉上先生的学者朱震，字子发。清代大学者、乾嘉朴学的皖派宗师戴震，字东原，名即八卦之一，表字中有东，为震的方位，还取意于震卦“其于稼也，为反生”（《易经·说卦》），孔疏云，“取其始生，戴甲而出也”，所以表字中有“原”，隐含着原野中禾苗初生的意思。再则八卦模式还有关于家庭的对应结构，乾为父，坤为母，震为长男……。男子命名为震，是否与他为家中长子有关呢？这方面的材料很少，难以说明。即如上举三例，我们只知道朱震有弟弟名朱巽（巽亦是八卦之一），人称“二朱”。戴震有其弟子段玉裁所撰《年谱》，可是这位段先生把笔墨都花在了他老师的学术活动上，只记下了戴东原的祖父、父母，余则阙如，似乎戴先生是个独子。对黄震这方面的情况，我们更是一无所知。

名字用卦名，这样的例证比较明显。有的名字却是暗合八卦模式，那就难以一目了然了。此类例子在史传中偶或见之，终是不多。《新唐书·崔信明传》记载的一个故事，和此人的名字有关系。崔信明的传中不载其字，有名无字，令人遗憾。他这个名字是强调“明”，信在古汉语中作副词是“确实”的意思。书中的故事是说他生在五月五日中午，当时正有许多色彩绚丽的小鸟在庭院里的树上鸣啭，当时有个人说：“五月为火，火主离（即离卦），离为文；日中，文之盛也。雀五色而鸣，此儿将以文显。”名字中的“明”字正是离卦主火主日的取义。宋代有撰写《游宦纪闻》一书的作者，名叫张世南（或作士南），字光叔。按照命名的习惯，名与字都有这样或那样的联系，而从字面上看，此人却是例外。但用八卦的模式正可以解释，南方之卦是离卦，离为火，为日，为电，这就是“南”和“光”之间的联系。明朝有个曾任重庆府知府的人，名叫黄乾行，我们马上就会联想到《易经·乾卦》的象辞，“天行健，君子以自强不息”，以为他的表字一定与此句有关，然而非也，此人字玉岩。我们从乾卦所包罗的事物去看，有了着落，“乾为天，为圜，为君，为父，为玉……”。按孔颖达的说法，乾为玉是“取其刚之清明也”，那么，“乾行”和“玉岩”仍与乾卦被规定的刚健的性质统一在一起。

我们相信，与八卦模式有关的名字还很多，细心的读者，一定会在史籍中有所发现。这一类理论模式在中国文化中的渗透，恐怕比我们认识到的要深要广。

六

名字中的宗族观念

我国古代的宗族，是社会结构中十分重要的一环，是封建社会的基础部分，已见前述。宗族的存在，需要多种方式来维系、巩固，宗族成员的命名方式即是其中的一种。古代同宗的人，往往是同行辈的人名字中有一个相同的字，这个字又是在谱牒中按辈序规定好了的。萧遥天把这样的名字称为族名，很是确当。族名的使用，可以使同宗中互不相识的人引为骨肉，便于联络感情，在动乱离散的年代保持宗族的功能，又便于维系庞大宗族集团的尊卑伦序，恪守礼法。

《清稗类钞》有“孔氏命名之字派”，记载曲阜孔氏的族名：

> 曲阜孔氏为孔子之后，命名皆有字派，其迁徙他郡县者，但系孔子嫡传，亦必同一字派。盖自元代之五十四代衍圣公名思晦者起，于

是凡五十四代孙，均以思字为派。思字下为克字派，克字以下，则为希、言、公、彦、承、弘、闻、贞、尚、衍十派，再次则为兴、毓、传、继、广、昭、宪、庆、繁、祥十派，又次则为令、德、维、垂、佑、钦、绍、念、显、扬十派。

我们从明人吕元善所纂辑的《圣门志》中看到的孔氏人名，确实与上述记载相符，如第五十五代“克”字派，有克坚、克钦、克伸、克昌、克纯、克勋、克纲、克信、克中、克仁、克晏等，五十六代希字派有希学、希说、希范、希进、希麟、希凤、希顺、希尹、希大、希章、希文、希武、希敬、希永、希圣、希孟、希昱、希琛、希迪、希瑾、希达等，真可谓洋洋大观，但所列仅限于有职名科第的人物，未入仕途、没有功名的正不知还有多少。面对这些名字，我们不就是看到了一个具体的宗族吗？有以上的记载，连我们局外人也能知晓，撰《桃花扇》的孔尚任是孔子的第六十四代裔孙，清代学者孔广森是第七十代裔孙。

风气所染，帝胄皇室也用族名，明清两代都是如此。清代皇室的命名行辈原与诗句有关，还有些偶然性，因而有故事流传：

乾隆间，皇六子永瑢绘《岁朝图》进呈孝圣后，高宗题诗，有“永绵奕载奉慈娱”之句，其后命取“永绵奕载”四字为近支宗室命名行辈，然未有明谕也。甲辰，亲见皇长子安定亲王生曾孙载锡，是为皇玄孙，五世一堂，因于雍和宫后室及大内景福宫、避暑山庄，皆书揭“五代五福”堂额，诚古今帝王中所仅见者。道光丁亥，钦定续拟“溥毓恒启”四字，其时溥字辈已命名奉字，皆令改之。咸丰丁巳，又钦定续拟“焘闿增祺”四字。均见谕旨。(《清稗类钞》)

中国的末代皇帝溥仪，正是那个“溥”字辈。从这个故事里可以看出，帝王家竟是随心所欲，没有法度，远不如圣人家井然有序，按部就班。此中不是也透露出一些宗族观念与文化背景的关系吗?

某字辈这类族名，就单个名字看，却反映不出宗族观念，必须把同族的人名放在一起才能显现。单个命名取意于宗族观念的，在古代也颇为常见，是比较引人注目的意向群，大致有这么几类：

其一，尊祖敬宗的内容。从文献资料上可以看到，在殷商时期存在着上帝与祖先神灵合而为一的迷信思想,《尚书·盘庚》三篇，其中就有这样的商王训令：

从前我的先王，既然役使过你们的先祖先父，你们当然都是顺从我的德教的臣民。如果你们心里藏着恶毒的念头，先王就会把他的意见告诉你们的先祖先父。你们的先祖先父就会抛弃你们，不把你们从死罪中救出来。(王世舜译文)

政权借助祖先神灵来统治，是基于祖先崇拜，即对于祖宗神灵的迷信。但是，祖先神既能降祸，当然更能降福，托庇祖宗的保佑是尊祖敬宗的主要目的。在古代宗法社会和封建社会的宗族组织内部，祭祀祖先的活动一直是一项重要内容，这种活动又是强化宗法思想的途径。名字中尊祖敬宗的内容即由此而来。

这类名字如汉代冯鲂字孝孙，陶谦字恭祖，三国时陆胤字敬宗，陈祇字奉宗，晋代桓谦字敬祖，南朝朱脩字恭祖，唐代许敬宗字延族，宋代史绳祖字长庆，明代樊继祖字孝孙，清代唐绥祖字孺怀，等等。

其二，光宗耀祖的内容。在古代，一个人如果事业有成，功勋卓著，声誉四播，整个家族与有荣焉，所谓“一人得道，鸡犬升天”。这不但是因为宗族成员在感情上的联系，一荣俱荣，一损俱损，而且有实际的利益相关联，宗族成员发迹以后，往往对本宗族有经济上的助益。如宋代理学家程颐名重当时，虽为官时间不长，却能交游显贵，接受馈赠，他自己“衣虽布素，冠襟必整，食虽简俭，蔬饭必洁”，还“赡给内外亲党八十余口”（《宋元学案》）。他的父亲程珦做官时，“前后五得任子，以均诸父之子孙”（《宋史·道学传》）。本来是朝廷给官员本人的儿子提供入仕的机会，程珦把这样的机会让给了族内之人。也就是说，族内有人发迹，还能给本族成员提供做官的机会。所以说，“光耀门楣”一类的话，绝非没有内容的套语。子孙显赫之后，给祖先带来荣耀也有其实质性的内容。如追尊先祖、封赠三代等，就是封建社会的惯例。顾炎武《日知录》“汉代追尊之礼”条云：

> 太上皇，高帝父也，皇而不帝；戾太子、悼皇考，孝宣之祖若父也，太子、皇考而不帝；舂陵节侯、郁林太守、钜鹿都尉、南顿令，光武之高、曾若祖、父也，侯而不帝，太守、都尉而不帝，君而不帝，此皆汉人近古。

其实秦始皇称皇帝，就追尊其父庄襄王为太上皇。顾炎武感慨“汉人近古”，是因为后代越追越远，越尊越高，几代以前都是皇帝。如宋代赵匡胤开国，追尊高祖为文献皇帝，曾祖为惠元皇帝，祖为简恭皇帝，父为武昭皇帝。大臣则有封赠三代的荣显之礼，至唐末五代形成，也是追尊祖先的意思。如吴充为欧阳修所撰《行状》，首列欧阳修的职衔标目，共有“推诚保德崇仁诩戴功臣观文殿学士特进太子少师致仕上柱国乐安郡开国公食邑四千三百户食实封一千二百户赠太子太师”，这么多爵职荣誉头衔，紧接着就是“曾祖郴，累赠金紫光禄大夫太师中书令；祖偃，累赠金紫光禄大夫太师中书令兼尚书令；父观皇，任泰州军事判官，累赠金紫光禄大夫太师中书令兼尚书令追封郑国公”。这就是封赠三代，他的曾祖、祖父没有出仕，无官职，父亲当过小官，那些名义上的高官都是由欧阳修带来的。有这样的鼓励办法，难怪人人都有望子成龙之心，也难怪有许多名字是光宗耀祖的内容。

《南史·蔡廓传》记载，蔡兴宗“幼为父廓所重，谓有己风。与亲故书曰：‘小儿四岁，神气似可，不入非类室，不与小人游，故以兴宗为之名，以兴宗为之字。’”这一则史实概括了这类名字的寓意，道出了命名时的真情实感。南朝时有徐兴祖、徐荣祖，宋代有洪兴祖、刘光祖、马光祖、王光祖、史达祖字邦卿，明代有“东方莎士比亚”汤显祖，等等，都是字面上显而易见者。

其三，昌大后裔的内容。家庭和宗族的延续，都在于后继有人。以家庭为本位，以宗族为本位来考虑问题，那自然是人越多越好。人多了就能显示出家庭的兴旺，宗族的强盛。因此，“人是世间第一可宝贵”的思想，不仅是由于农业社会需要劳动力的缘故，而且受家族本位思想的影响。表现在这方面的观念，则有“不孝有三，无后为大”，谁都担心绝了自己的香烟，更害怕被人骂断子绝孙，繁衍后代是每个人的神圣职责，也是道德要求。

此类内容的名字，如《三国志》作者陈寿字承祚，晋代学者王弼字辅嗣，宋代学者吴昌裔字季永，明代刘永祚、刘熙祚兄弟，因镇压李自成义军失败而自杀的杨嗣昌，清代学者万斯年字绳祖，万斯大字充宗，学者王念孙字怀祖；还有卢雅雨先生名见曾，字抱孙，企望四世同堂，能抱上孙子，见上曾孙，最能代表这类名字的精神。

唐代有个人叫王忠嗣，名字是唐玄宗取的，是希望他能接续王家的香烟，并能继续为李唐王朝卖命。他的父亲王海宾在防御吐蕃的战争中屡立奇功，殒身沙场。“忠嗣时年九岁，始名训，授尚辇奉御。入见帝，伏地号泣，帝抚之曰：‘此去病孤也，须壮而将之。’更赐今名，养禁中。”（《新唐书》）唐玄宗把这孩子比作汉代名将霍去病的遗孤，所以给他改名。

以上三类，是名字中最多见的有关宗族观念的内容。

其他类型也有，如清代诗人袁枚之孙名袁祖志，实际上是以祖父为楷模。诸如此类，就不再胪举。

七
名字与汉字的关系

前面所研究的人名，不用说都是用汉字书写的，这是最直接的关系，无须再说。我们这里将要讨论的，实际上是人名所表现出来的汉字的特点。每个汉字最基本的要素有三个，即形、音、义，我们就从这三个方面来分析，看一下人们命名时利用汉字特点的巧思。

姓名与字形

汉代许慎《说文解字·叙》说："仓颉之初作书，盖依类象形，故谓之文。其后形声相益，即谓之字。之者，物象之本；字者，言孳乳而浸多也。"所以后世归纳为"独体为文，合体为字”。汉字中绝大部分都是合体的字，古人“六书”说中，会意、形声全为合体，转注、假借也多有合体，且不说形声一类，就占去了汉字的三分之二以上。人们就利用合体汉字这一大特点，点化出很多使人感兴趣，特别引人注目的名字。

《清稗类钞》有一则故事：

> 某县文童沈冘应试，学使以冘字颇僻，诘其胡以取此，对曰：“古有伊尹，后有阮元，沈冘亦犹是耳。”学使笑曰：“若亦知冘字何义乎？”曰：“不知。”曰：“淫淫之行耳。”《说文》：“冘，淫淫行貌。”故引以为戏也。

伊尹、阮元、沈冘三人的名字，都是从姓中分割出来的，而且都用的是右半部分，不过伊尹可能是无意于弄巧，和后人有心制作不完全相同。宋代慷慨陈词、以身报国的太学生陈东，姓名也属此类。

国民党元老林森，名是姓的增文，名是在姓上叠床架屋，引人注目。而《义勇军进行曲》的作曲者、音乐家聂耳，恰好是反其道而行之，名只是姓的三分之一，效果更强烈。

著名作家老舍，原名舒舍予，把一个姓分作两部分，用来命名，寓意深长，却又洒脱自如，确乎是名如其人。又有张长弓、雷雨田、何人可等，则是自郐以下，无待多言。

还有一类，是把名分剖为字，较多见。宋代有诗人谢翱，字皋羽，以民族气节著闻，后代仿效者或是追慕他的为人；明代如章溢字三益，徐舫字方舟，宋玫字文王；清代如尤侗字同人，林佶字吉人，李楷字皆木，等等。也有双名者取其中之一分剖为字的，如毛奇龄字大可，卢文弨字召弓。

汉字结构定型很早，每一笔画的位置都是固定的，稍作改动，意义大变。《南史》卷五有如下一例，是关于变化人名字形的：

> （齐）武帝时，有小史姓皇名太子，武帝曰："皇太子非名之谓。"于是移点于外，易名为犬子。

一点之换位，竟把一个气魄雄大的名字化为鄙俗不堪的称号，可谓点之用大矣哉！变化字形的神通用在姓名上，李汝珍《镜花缘》里的一则笑话可以说是曲尽其妙，兹引录于下：

> 有一家姓王，弟兄八个，求人替起名字，并求替起绰号。所起名字，还要形象不离本姓。一日，有人替他起道：第一个，王字头上加一点，名唤王主，绰号叫做"硬出头的王大"；第二个，王字身旁加一点，名唤王玉，绰号叫做"偷酒壶的王二"；第三个，就叫王三，绰号叫做"没良心的王三"；第四个，名唤王丰，绰号叫做"扛铁枪的王四"；第五个，就叫王五，绰号叫做"硬拐弯的王五"；第六个，名唤王壬，绰号叫做"歪脑袋的王六"；第七个，名唤王毛，绰号叫做

"拖尾巴的王七"；第八个，名唤王全……（玉儿说到此处，忽向众人道）这个全字本归入部，并非人字，所以王全的绰号叫做"不成人的王八"。（八十六回《念亲情孝女挥泪眼，谈本姓侍儿解人颐》）

这虽是小说中的材料，但与利用汉字特点所制作的人名却有异曲同工之处，正好帮助我们加深对此类名字的认识。

姓名与字音

汉字中有许多同音字，往往一个读音有数个甚至数十个形义不同的字。我们知道了一个人名的读音之后，并不能确定其形义。先秦典籍中往往有通假的习惯，人名也不例外，如伏羲或作庖牺、宓羲，皋陶作咎繇之类。

汉代以降，人名所取字形都是固定的，不过人们往往利用谐音的不同意义，作为嘲谑之具，拿姓名来开玩笑。冯梦龙《古今谈概·巧言部》辑录了很多这类笑料，摘引几则，以飨读者：

贾黄中　卢多逊

贾黄中与卢多逊俱在政府。一日，京中有蝗虫，卢笑曰："某闻所有乃假蝗虫。"贾应声曰："亦闻不伤禾，但芦多损耳。"

羽　睛

裴子羽为下邳令，张晴为县丞。二人俱有声气而善言语。论事移时，一吏窃议曰：“县官甚不和。”或问其故，答曰：“长官称雨，赞府道晴，终日如此，那得和？”

聂豹　郑洛书

永丰聂豹、三山郑洛书，为华亭、上海知县，同时有俊声，然议论殊不相下。一日同坐察院门侧，人报上海秋试罕中式者。聂公笑曰：“上海秀才下第，只为落书。”郑公应声曰：“华亭百姓当灾，皆因业报。”人咸以为妙对。

这都是互相取笑，各逞胸臆。这里所说的谐音，有方言的成分，并不是所有的人都能会意，如“中”与“虫”，“逊”与“损”，“聂”与“业”，读音还是有差异的。

然而也有人竟然将名字的谐音认起真来，让人觉得荒唐。《清稗类钞》有“孝钦后恶王国钧之名”一则：

江苏王颂平大令国均，同治戊辰进士，殿试已列入前十本卷，进呈乙览矣。及胪唱，孝钦后以王国均三字之音，与“亡国君”同，不怿，乃抑置三甲。以知县发安徽，被议改教职，司铎山阳二十年，始以卓异选云南某县令，未之任而卒。

这样的传闻容或不实，但它能流传下来，即说明姓名的谐音为人所重视，宁信其有，不疑其无。小说中的人名常有谐音寓意的，如《红楼梦》里的甄士隐（真事隐）、贾雨村（假语存）之类，造成影响。真实姓名的谐音遭人厌恶，与此亦不无关系。

明末清初，字号的用字不确定蔚成风气，一个名字往往由同音而化出几个新名，从异义中获得新趣，抒发新的寄托，却又不离宗本，读音大致相同，不会误认为是两个人，因此成为文人的雅趣。这种风气一直延续到民国初年，流行了近三百年。以下略举数例：

归庄，字玄恭，又作悬弓。避讳改为元恭，又作元躬、元公、园公。

赵翼，字云菘，一字耘松。

魏源，字默深，又字墨生。

缪荃孙，改字筱珊，又作小山。

李叔同出家后法号弘一，又作弘裔。

姓名与字义

一般说来，人们命名时不考虑姓氏的字义，只注意名字的取意。姓氏固然有其义，但在人名中多不显现，这是因为大多数人的姓与名没有语义上的联系，因而姓氏只能在人名中代表家族。然而，姓氏所用的汉字大部分都还有另外的用法，只要有适当的语言环境，它本身的词义就豁然显露。因此，就有人把名字制作成这类语言环境，使姓氏一身而兼两职，既为家族的徽号，又作具体意义的承担者，表述特定的语义。

古人把这种命名方法称为“以姓取名”、“连姓为义”。《日知录》有“以姓取名”条：

> 古人取名，连姓为义者绝少。近代（引者按：指明代）人命名，如陈王道、张四维、吕调阳、马负图之类，榜目一出，则此等姓名几居其半，不知始自何年。尝读《通鉴》至五代后汉，有虢州伶人靖边庭。胡省之注曰：“靖，姓也。优伶之名，与姓通取一义，所以为谑也。”（原注：靖边庭亦见《宋史·田钦祚传》）考之自唐以来，如黄幡绰、云朝霞（原注：《唐书·魏謩传》）、镜新磨（原注：《五代史·伶官传》。引者按：此人姓敬，与镜谐音。古代用铜镜，保持光亮映人的方法是磨镜，故此名为连姓取义）、罗衣轻（原注：《辽史·伶官传》）之辈，皆载之史书，益信其言之有据也。嗟乎！以士大夫而效伶人之命名，则自嘉靖以来然矣。

顾炎武是清代学界宗师，影响极大，此说一出，士人就奉为圭臬。《清稗类钞》载：

湖南游子岱方伯智开，初名于艺，乡试中式，主司乔勤恪公嘱其改名。游问故，乔曰："阅《日知录》当知之。"后阅至黄幡绰、敬（镜）新磨故事，始大悟，乃更名智开。

按："游于艺"是《论语·述而篇》的原句，和张四维之出于《管子·牧民》"四维张，则君令行"、"四维不张，国乃灭亡"之句，吕调阳之截取《千字文》"律吕调阳"之句，马负图之袭用"龙马负图"（《礼记·礼运》孔疏）的传说完全相同，合姓与名为一体，共同表达一个意思。这些还都稍有来历，其他的那几例伶人之名，则更是用日常用语，没有深意。

不过顾炎武以为连姓为义的名字是优伶的专利，却不尽然。俞樾《日知小笺》就指出："《晋书》解系字少连，解结字叔连，名字似皆从姓取义。"解氏兄弟都是士人，而且清身洁己，官居高品。萧遥天指出，唐代元结之祖名叫元亨，字利贞，见于《新唐书·元结传》，姓氏名字是《周易》中完整的一个句字。

萧氏还发现唐宋时期有安如山、王佐才、王者辅等。他又列出许多明末以降的此类人名，二名者如：王者宾、王者香、王者师、席上锦、席上珍、王曰叟、温如玉、冷于冰、江天一、万象春、连城璧、游于诗、黄河清、周尚文、莫如忠、古之贤、高其危、高其倾、龙在田、龙从云。单名者如：方圆、奚自、井田、

张弓、胡适。(《中国人名的研究》)

实际上有些人的名字与姓氏发生语义上的联系，也许是无意的，自己并未觉察。这里就有一例：

> 江西勒少仲中丞应拔萃科时，名人璧，及选贡，学使曰："尔当改名。勒人之璧，非盗贼而何？璧又与逼同音，既勒人，而又为人所逼，于义不可。"乃更名方锜。(《清稗类钞》)

但是还有从姓氏的谐音上取义的：

> 同姓名之在同时而皆著称于世不愧为名臣者，则有康熙朝之两于成龙。一谥清端，山西永宁人，字北溟，官至两江总督。一谥襄勤，汉军人，由荫生知通州及江宁府，后官至河道总督。(《清稗类钞》)

这名字必定是用鱼跃龙门的传说，而且同时有两个人，都是名臣，也属罕见。按：此二人《清史稿》中都有传，政绩也很可观。

命名时利用汉字的特点，是一件颇有艺术性的事，看老舍和聂耳的名字，大家都会有同感。当年沈雁冰拟了个笔名叫"矛盾"，后经叶圣陶在"矛"上加了一个"艹"字头，俨然成为一个姓茅名盾的作者，掩盖了虚拟的痕迹，而寓意仍在其中，此又是一例。我们在前面所举的不少例子，虽然都反映了汉字的某个特点，但高下有别，这就取决于制作者的学识和情趣了。

八

名字的用典

名字的容量很小，但采用成语典故的例子却很多。这是作诗撰文的习惯，影响所及，命名时也免不了掉书袋。

《文心雕龙》中就说："明理引乎成辞，征义举乎人事，乃圣贤之鸿谟，经籍之通矩也。"认为援引成语典故是写作的通则，古今皆然。近人黄侃说："考经传之文，引成语述故事者，不一而足，即以宣尼大圣，亲制《易传》《孝经》，甄采前言，旁征行事；降及百家，其风弥盛，词人有作，援古尤多。"(《文心雕龙札记》)自孔子就知道用典，源远流长，形成了传统。

用典有什么用处，有什么好处呢？刘勰说是为了"援古以证今"；宋人从作诗的角度出发，说"大率诗语出入经史，自然有力"(《竹庄诗话》)；清人袁枚打了一个比方，也能使我们悟到一些用典的真谛，他说："用典如陈设古玩，各有攸宜。"(《随园诗话》）作为一种修辞方法，能够增强写作的表达能力和感染力。用典既然是修辞手段，使用起来各人自有其着眼点，也有各种技巧，名字的用典也不例外。

古人对用典这种修辞手法总结了好多理论，如《文心雕龙》所说的，“综学在博，取事贵约，校练务精，捃理须核，众美辐辏，表里发挥”，还是很笼统。清人方东树毕竟又晚了一千多年，总结了许多人的成败得失，说得较中肯：“大抵质用不如借用，明用不如暗用，正用不如翻用，整用不如拆用，顺直不如倒逆；腐者新，板者活，生者熟，熟者生；直之揉之，散之链之；以我用事，不为事所用。”（《昭昧詹言》）名字中用典的用武之地很小，虽然点化的手段有高下，总是不如在诗文中驰骋自如，那许多化腐朽为神奇的法则实在难以一一验证，但也能据以分析，试举数例：

明用类。如上节所举元结的祖父元亨字利贞，最为直白。唐代诗人孟浩然，取《孟子》“我善养吾浩然之气”。他是以名为字，也可以说没有字。明代高明，字则诚，“明则诚”是《中庸》的句子。

暗用类。晋人潘岳字安仁，用《论语》“仁者乐万”之意，但以“岳”代“山”，“仁者”改为“安仁”，稍隐其事。战国时期孔子后裔名孔白，字子上。“上”与“尚”通，白为白色。孔氏出于宋国，是殷商的后裔，《礼记·檀弓》有“殷人尚白”之说，孔白的名字暗寓追怀故国的意思（萧遥天语）。相形之下，清人李国宋字汤孙，这名字就显白多了，商汤的后裔在殷商灭亡之后，被封在宋，宋国还延续着商汤一脉，如此而已。

倒用类。明人易三接字康侯，清人王子接字晋三，都是用《周易·晋卦》“康侯用锡马蕃庶，昼日三接”。

散用类。宋人李心传字微之，是用的理学所谓圣人十六字传心之要，“人心惟危，道心惟微，惟精惟一，允执厥中”（《古文尚书·大禹谟》）。明人王恕，字宗贯，是用《论语》“吾道一以贯之”和“夫子之道，忠恕而已矣”。明人王云凤，字应韶，是用《尚书》“萧韶九成，凤凰来仪”。

有的用典时稍作点化。如明人沈仕字懋学，是《论语》中“学而优则仕”之意，但把“学而优”三字改作“懋学”二字，意思相近。清人钱大昕字晓征，是《礼记·文王世子》中“天子视学，大昕鼓征，所以警众也”的本事，但改“鼓”为“晓”，避免了板直，又照应了名中的“昕”字。

以上套用诗文用典的通则来分析名字，不尽允惬，但因没有导夫先路的研究，只好从权借用，而且也并没有详尽地归纳名字中用典的形式。考察人名的用典，古人就认为是一件困难的事，它不像诗文中的用典，可以从上下文中推求其义，然后找出本事。人名共三到四字，局限太大，往往让人迷惑。《挥麈后录》载：

李邯郸名诸子名，世人难晓。后见孙长文，云：邯郸之长子寿朋，取三寿作朋之义（引者按：《诗经·閟宫》："三寿作朋，如冈如陵。"孔疏谓，三寿作朋，是与长老贤者为友）；次子复圭，本三复白圭（引者按：《论语·先进》："南容三复白圭，孔子以其兄子妻之。"杨伯峻译文：南容把"白圭之玷，尚可磨也；斯言之玷，不可为也"的几句诗读了又读，孔子便把自己的侄女嫁给他）；幼子德刍，以三德苾刍（引者按：苾刍是梵语，比丘的异译，指僧人的单数。三德在佛教用语中有多种意思，此可能用自利利他的三德，一智德，二断德，三恩德）。其指如此，宜乎人所不解也。

想来比这三个名字更难懂的还有不少，如果知情者不作解释，别人实在不好理解。不过，也有太过显白，被人用为谈资的例子：

乾隆季年，东阳有楼更一者，名诸生也，其名曰上层。盖以唐诗"更上一层楼"句错综为之，而姓名及字，皆在其中矣。（《清稗类钞》）

这个人姓楼名上层，字更一，合起来即"更上一层楼"那句诗，在名字用典中属于过分浅显的，但不能否认其个性化的特点也很突出。

总之分析人名中用典，比诗文尤难，深浅的程度更不好把握。只是人们在诗文中使惯了这样的手段，命名时不自觉地就用上了，还是分别观之为好。诗文中用典的传统影响了命名，这件事实本身说明，名字是受多种文化因素的浸染，这与它的多样程度是一致的。

九
名字的文学

翻开古人的文集，总能看到不少《名说》《字说》一类的作品，如果辑录出来，也会是一部洋洋可观的大书。我们把这类作品和嵌名诗、藏头诗统称为“名字的文学”，也不知是否确当。

《名说》《字说》一类的作品，主要是命名者解释名字的内涵，抒写命名的用意，凡名字中所寓的寄托、期许、嘉勉、祝福等，各自详加剖析，给我们理解名字提供了第一手资料。笔者所见到最早的这类作品，是《三国志·王昶传》中的一段材料，那时还没有《名说》《字说》之类的标题。兹节引于下：

（王昶）为兄子及子作名字，皆依谦实，以见其意。故兄子默，字处静，沈字处道；其子浑字玄冲，深字道冲。遂书戒之曰：“……欲使汝曹立身行己，遵儒者之教，履道家之言，故以玄默冲虚为名，欲使汝曹顾名思义，不敢违越也。古者盘杆有铭，几杖有诫，俯仰察焉，用无过行；况在已名，可不戒之哉！”

一个谨小慎微的长辈，想用名字警戒子侄，拳拳之心见于字里行间。但名字可不是孙悟空头上的金箍，用意再深，子弟如果不肖，那也毫无办法。

宋代苏洵有一篇很典范的名字文学作品，题目是《仲兄字文甫说》。这位老泉先生真不愧是唐宋古文八大家之一，写来汪洋恣肆，滚滚如钱塘大潮，煞是可观，我们就来欣赏一下他的文笔：

洵读《易》至《涣》之六四，曰：“涣其群，元吉。”曰：嗟夫！群者圣人所欲涣，以混一天下者也。盖余仲兄名涣而字公群，则是以圣人之所欲解散涤荡者以自命也，而可乎？他日以告，兄曰：“子可无为我易之？”洵曰：“唯。”既而曰：“请以文甫易之，如何？”

且兄尝见夫水之与风乎？油然而行，渊然而留，渟洄汪洋，满而上浮者是水也，而风实起之；蓬蓬然而发乎大空，不终日而行乎四方，荡乎其无形，飘乎其远来，既往而不知其迹之所存者，是风也，而水实形之。今夫风水相遭乎大泽之陂也，纡余委虵，蜿蜒沦涟，安而相推，怒而相凌，舒而如云，蹙而如鳞，疾而如驰，徐而如徊，揖让旋辟，相顾而不前；其繁如縠，其乱如雾，纷纭郁扰，百里若一。汩乎顺流，至乎沧海之滨，滂薄汹涌，号怒相轧，交横绸缪。放乎空虚，掉乎无垠，横流逆折，濆旋倾侧，宛转胶戾。回者如轮，萦者如带，直者如燧，奔者如焰，跳者如鹭，投者如鲤，殊状异态，而风水之极观备矣。故曰：“风行水上，涣。”此亦天下之至文也。

然而此二物者，岂有求乎文哉！无意乎相求，不期而相遭，而文生焉。是其为文也，非水之文也，非风之文也，二物者非能为文，而不能为文也，物之相使而文出于其间也。故此天下之至文也！

今夫玉，非不温然而美矣，而不得以为文；刻镂组绣，非不文矣，而不可以论乎自然。故夫天下之无营而文生之者，惟水与风而已。

昔者君子之处于世，不求有功，不得已而功成，则天下以为贤；不求有言，不得已而言出，则天下以为口实。呜呼！此不可与他人道之，唯吾兄可也。(《嘉祐集》)

只是一个人名，其实仅仅是一个“文”字，就包含了这么丰富的内容；仅仅引《易经》“风行水上”一句话，就推演出如此波澜壮阔的一篇文字，笔力之劲健，令人感佩。文章从自然现象中引出人生哲理，从形象思维中导出逻辑结论，以抒情状物为铺垫，道出了作者的人生哲学：自然无为，追求比具体目标更高的理想，只有超越现实，才能更好地把握现实。苏洵在这篇《字说》中灌注了他的人生信念，并以此来劝勉他的兄长，给人的印象是很深刻的。

老苏此篇可以说是同类作品中的鸿文巨制，气象阔大，笔墨酣畅。我们再看一篇短小清丽的，是陆象山的《二张名字说》：

番阳张季海见二子求名，名其一曰槐卿，冠之日，宜告宾，字以清父；其二曰樾卿，字以宏父。暑气之清莫如槐，字槐卿曰清父，取清暑也。夏日之荫莫如樾，字樾卿曰宏父，取宏荫也。时六月中澣，予方有行役，因以是祝云。(《象山先生全集》)

时在六月，正值酷暑，一时心中有感，制名作记，倒很有些纪念意义。

名字这类作品，大多如苏、陆之作，以阐释名字的含义为主，态度比较严肃。也有一些写得轻松活泼，不落窠臼，如近人萧道安为她的丈夫陈衍撰作的《名字说》：

君名衍。喜谈天，似邹衍；好饮酒，似公孙衍；无宦情，恶铜臭，似王衍；对孺人，看稚子，似冯衍；恶杀，似萧衍；无妾媵，似崔衍；喜《汉书》，似杜衍；能作俚词，似蜀王衍；喜篆刻，似吾邱衍；喜《通鉴》，似严衍；喜古今文《尚书》《墨子》，似孙星衍；特未知其与元祐党人碑中之宦者陈衍何所似耳？请摹其字以为名刺何如？（转引自《中国人名的研究》）

这一篇没有发挥名字的寓意，而是用历史上同名人物的特点来勾画一个人的轮廓，褒美之情溢于言表。我们在这有些调侃意味的文字中，看到一个深爱着丈夫的妻子，对她的夫君是爱屋及乌，无论什么样的特点都成为她抒写情怀的依托，眷眷之意，一贯到底。

名字说一类的作品，近代以后趋于衰歇。动荡不安的社会环境，救亡图存的紧迫情势，不允许人们斤斤于一个名字含义上的推求；西方文学思想的传播，也把传统文学中的这类小摆设冲到了历史博物馆的角落，很少有人问津。

完整意义上的名字文学，只有名字说这一类，是以名字为主题的作品。诗词中还有嵌名诗和藏头诗之类，则是文字游戏，而且往往是把人名作为点缀，以显示文学技巧，只能说是和名字有关的文学。因此这类作品就不再多作介绍，只录《陔余丛考》中的两则，聊备一格，作为参考：

以古人姓名藏句中

《石林诗话》载王荆公诗："老景春可惜，无花可留得。莫嫌柳浑青，终恨李太白。"以古人姓名藏句中，或者谓前无此体。按《权德舆集》有一篇云："藩宣秉戎寄，衡石崇位势。年纪信不留，弛张良自愧。樵苏则为惬，瓜李斯可畏。不顾荣宦尊，每陈农亩利。家林类岩巘，负郭躬敛积。忌满宠生嫌，眷蒙恬圣智。疏钟皓月晓，晚景丹霞丽。涧谷永不暖，山梁冀无累。颇符生肇学，得展禽尚志。从此直不疑，支离疏世事。"则唐人已创此体。

题字嵌句首

东坡自杭将还朝，坐中有营妓郑容求落籍，高莹求从良。坡为题

《减字木兰花》一词，判其牍尾云："郑庄好客，容我尊前先堕帻。落笔生风，籍籍声名不负公。高山白早，莹骨冰肌那解老。从此南徐，良夜清风月满湖。"盖用八字于句首，乃"郑容落籍、高莹从良"也。

这两类游戏文字之外，古人还用姓名作对仗游戏，如：

朱竹坨曾以古人姓名作对，叶调生广其例，为之补遗，其佳者如公孙丑，毋弟辰；郑小同，杨大异；韩擒虎，李攀龙；陈万年，张千载；直不疑，何无忌；张恶子，郑善夫；殷开山，俞通海；张九思，胡三省；王十朋，陆万友；李桐客，郭药师；郭虾蟆，王鹦鹉；刘黑闼，寇白门；郭芍药，郑樱桃；张红红，薛素素，皆可与"祭仲足，鲍叔牙"等共称佳话。文人游戏，往往喜争奇斗胜。昔东方虬自言后世必以己姓名与西门豹作对，有举"西门豹"属一九龄童对者，童举"南宫牛"以应之。(《清稗类钞》)

游戏笔墨，古今皆有，是文雅的幽默。因为讨论名字文学涉及此，得以了解姓名在文学中常被用作游戏的工具，这本身也是一件有趣的事。名字说的庄和嵌名、对仗之类的和谐，二者各趋一极，反差很强，命名时郑重严肃，寓意深长，作古后就可以作为谈资，供人游戏，对照来看，却能相映成趣。不过这就有些离题远了，赶快煞住。

第四章

与姓名有关的文化现象

一

避讳

在20世纪初新文化运动以前，有一个词在汉语中很是常见，即“名讳”，其实指的就是某人的名字。溯其语源，则是名字与避讳的直接联系。

说到“讳”，我们马上就会想到一句古老的话，叫做“为尊者讳，为亲者讳，为贤者讳”（《春秋公羊传 · 闵公元年》），但这说的不是避讳，而是隐瞒，那三种人有什么错误、恶行、罪状，就不能说，要隐瞒。避讳则是与名字相关，最早见于《左传 · 桓公六年》所载：“周人以讳事神，名，终将讳之。”关于这一点，唐代孔颖达在《正义》中解释得很好，他说：

> 自殷以往，未有讳法。讳始于周。周人尊神之故，为之讳名，以此讳法敬事明神，故言“周人以讳事神”。子生三月，为之立名，终久

必将讳之……“终将讳之”，谓死后乃讳之。

因为周人有这样的礼俗，一般指的是贵族，死后成为神明，祭祀神明就不能直呼其名，这是为了尊重神明。讳法就是这样产生的。所以在贵族命名时就要考虑死后避讳的问题，《左传》中即讲道：“不以国，不以官，不以山川，不以隐疾，不以畜牲，不以器币。”还说：“以国则废名，以官则废职，以山川则废主，以畜牲则废祀，以器币则废礼。晋以僖侯废司徒（杜注：僖侯名司徒，废为中军），宋以武公废司空（杜注：武公名司空，废为司城），先君献、武废二山（杜注：二山，具、敖也。鲁献公名具，武公名敖，更以其乡名山），是以大物不可以命。”这里除了讲一般的原则，还举出周人避讳的实例，因避讳改了官名，晋国把司徒改为中军，宋国把司空改为司城，鲁国为避讳改了两座山的名称。

秦始皇统一中国，完成了历史上的一件大事，但同时建立了中央集权制和君主专制这两种绵延久远的政治制度，避讳对加强君主专制、维护帝王的权威和尊严有用处，所以在秦代很受重视。最典型的例子是，《史记·秦楚之际月表》记载秦二世二年、三年都有“端月”，唐代司马贞《索隐》解释道，二世二年的端月即“二世二年正月也。秦讳正，故云端月也”。因为秦始皇名

"政"，要避讳，正月也不能说了，要说端月。

汉承秦制，以后历代相沿，一直到清朝，避讳与帝制相始终。虽然各朝各代情况有别，避讳或宽或严，总是存在。这种做法还影响到社会生活中，一般人对自家尊长的名字也要避讳，因而形成中国一种独特的历史文化现象。

因为名字的避讳，在历史文献中留下许多痕迹，造成阅读的困难，故有避讳学出现，专门研究这类问题。陈垣撰《史讳举例》，在序中概述避讳学的学术史，可知历代学者对于避讳的研究还真是不少：

> 宋时避讳之风最盛，故宋人言避讳者亦特多。洪迈《容斋随笔》、王楙《野客丛书》、王观国《学林》、周密《齐东野语》，皆有关于历朝避讳之记载。清朝史学家如顾氏《日知录》、钱氏《养新录》、赵氏《陔余丛考》、王氏《十七史商榷》、王氏《金石萃编》等，对于避讳，亦皆有特别著录之条。钱氏《廿二史考异》中，以避讳解释疑难者尤多，徒因散在诸书，未能为有系统之董理。嘉庆间，海宁周广业曾费三十年之岁月，为避讳史料之搜集，著《经史避名汇考》四十六卷，可谓集避讳史料之大成矣。然其书迄未刊行，仅《蓬庐文钞》存其叙例，至为可惜。今肆上所通行专言避讳者，有陆费墀《帝王庙谥年讳谱》一卷，刊历代帝王年表末，黄本骥《避讳录》五卷、周榘《廿二史讳略》一卷，分刊《三长物斋》及《啸园丛书》中。此三书同出一源，谬误颇多，不足为典要。

所以陈先生自己又发凡起例，作《史讳举例》八卷，共八万余言，其体例为：

> 第一避讳所用之方法；第二避讳之种类；第三避讳之史实；第四因避讳而生之讹异；第五避讳学应注意之事项；第六不讲避讳学之贻误；第七避讳学之利用；第八历朝讳例。

自此书出，避讳学似作一总结，就笔者所知，后来再无此种书籍的撰作与出版。我们在此谈避讳，仍主要是借鉴《史讳举例》的研究成果。以下从几个方面扼要展示有关的文化现象。

为帝王避讳

在帝制时代，人们印象中凡谈避讳，似乎主要指的是避讳帝王的名字，因为只有此类避讳是有普遍性的，任何人均须遵守，行文用语必须避忌，否则即违犯政令。借助于政治权威推行这种语言禁忌，目的其实也单纯，就是显示帝王的尊严和神圣不可侵犯，在语言中把他和其他人区别开来，让人们随时随地都笼罩在帝王威权的阴影之下，于潜移默化间造成人民的服从意识。

从秦始皇以来，为历朝历代皇帝避讳，方法也简单，就是他们的名字用过的字，不允许别人再用，也就是说，皇帝的名字用了这一个或这两个字，别人就无权使用了。如果使用，即犯禁。如若犯禁，则会对违反者不利，但历代的处分宽严不一，总之都不是太严厉。只有一个极端，发生在清朝乾隆年间。那时，江西举人王锡侯编撰了一部字典，名为《字贯》，于乾隆四十二年遭人告发，竟因避讳上的犯禁被诛戮。看乾隆皇帝为这事发布的杀气腾腾的上谕，可知在清朝避讳是多么紧要，而且是性命攸关了：

> 阅其进到之书，第一本叙文后凡例，竟将圣祖世宗庙讳及朕御名字样开列，深堪发指。此实大逆不法，为从来未有之事，罪不容诛，即应照大逆律问拟，以申国法而快人心。(《史讳举例》)

即以这样的罪名——在字典的“凡例”中开列了康熙、雍正、乾隆三个皇帝的名字，就堂而皇之地将作者处死，还处理了江西省的有关官员，在避讳史上算是登峰造极了。在清代的一系列文字狱中，此件“字贯案”赫然在其中焉！帝王名字这个符号，其尊贵程度超越了臣民鲜活的生命，此种咄咄怪事应该说是与姓名相关的最为黑暗、最为丑恶的现象。

但这毕竟是个孤例，是文化传统的惯性在某个人身上的恶性发作。一般说来，帝王的避讳都是一个王朝为自家的帝王讲求，并不管以前各朝各代的事，所以对于生活在当时的人们来说，也没有太重的负担。如果从古至今的帝王全都要避忌，那就太可怕了。事实上注意历代避讳只是史家之事，而与任何时代的当下生活并无关系。

说帝王避讳，历史上那么多皇帝都有份儿，所以在《史讳举例》书中就有专门的一卷，叫“历朝讳例”，在此全部罗列，自无必要。我们只在每一个朝代举一个皇帝的若干避讳现象，以偏概全吧。

秦朝短暂，除秦始皇讳“政”，有改“正月”为“端月”的事例外，则仅存始皇为其父庄襄王子楚讳“楚”的一例，即称楚国为“荆”，二世胡亥就没有什么讳例留下来，故于起始处只能说汉代了。

汉代就以汉高祖刘邦为例，《汉书·高帝纪》颜师古注引荀悦之说，谓：“讳邦，字季，邦之字曰国。”颜师古解释道：“邦之字曰国者，臣下所避以相代也。”就是用“国”字替代“邦”字，凡该用“邦”之处都用“国”。汉名碑《张迁碑》有“诗云旧国，其命维新”，指《诗经·大雅·文王》中诗句“周虽旧邦，其命维新”。南宋学者洪适所撰《隶释》书中，引有汉石经残碑，可知那时石刻的经书也要避讳，《尚书·盘庚》中的“安定厥邦”、《论语·八佾》“邦君为两君之好”和《微子》“何必去父母之邦”中的“邦”字，都改为“国”字。汉代在武帝时已经确立“罢黜百家，独尊儒术”的文化政策，刻石经是在东汉熹平年间，儒家经典的尊崇地位早已稳固，然而还须让位于避讳，可见为帝王避讳是代表政治权威，文化权威要逊于政治权威。儒家的经典都要改，其余就不言自明了。

三国两晋南北朝时，分裂割据的局面造成了政治权威的相对性，皇帝只是在自己的地盘里作威作福、予智予雄，因而避讳也呈现相当混乱的局面，陈垣先生说南北朝时的避讳“实无定制，宽严随人意而异，故矛盾之事，并见于一时”（《史讳举例》），也可以往前延伸至三国两晋时期。为节省篇幅，这一阶段众多的政权和许多皇帝就不再举例。这个时期在避讳方面发生的一些较为特殊的事例，我们在后面还要提及。

隋朝短暂，但实现了统一，避讳的事例亦随之清晰显现。以荒淫无道著称的隋炀帝名广，改“广”为“博”为“大”，或以其他方式，则无一定之规。曹宪在隋时“又训注张揖所撰《博雅》，分为十卷，炀帝令藏于秘阁”（《隋书·曹宪传》），其实这部训诂学名著本称《广雅》。此书是曹魏时张揖所撰，在隋朝就是古书了，为避讳亦须改名，沿用至今，仍是一书二名，所以在学界是尽人皆知，为隋炀帝时避讳最有影响的例子。另外，为避讳改了不少地名，我们看《隋书·地理志》，原来的广武县改为雁门县，广阿县改为大陆县，等等。这是明显的，而陈垣先生所举的例子则很曲折隐晦：

> 《隋书》卅一《地理志》：“宣城郡绥安县。”注：“梁末立大梁郡，又改为陈留，平陈，郡废，省大德、故鄣、安吉、原乡，四县入焉。”案《陈书·高祖纪》：“永定二年，以广梁郡为陈留郡。”即此大梁也。又《陈详传》：“割故鄣、广德置广梁郡。”盖在梁敬帝之世，故云梁末。志改广梁为大梁，盖避隋炀帝名追改，梁时不名大梁也。大德即广德，亦避隋讳追改。(《史讳举例》)

将前代的地名因避讳而追改，造成混乱，为读史者制造出莫名其妙的困难。这现象也不是从隋炀帝开始的，只是我们举例恰好遇上了，其实在汉代就有这样的先例。

唐代避讳的现象很繁杂，我们就以唐太宗李世民为例：他的这两个字都很常见，使用频率很高，但这时创造出一个避讳缺笔的方法，使得事情简单化了。避讳缺笔就是遇到要避的字，少写一笔，以表示避讳，虽然该字有些残缺，大致还是能够认识，也不会引起误解。这种情形只是书写的问题，故我们在此不作介绍。尽管有了缺笔的办法，也还有使用改字避讳的，所以仍有不少讳例。最常见的是“世”字改为‘代”字或“系”字，我们读唐代两家注释的《史记》，张守节《正义》与司马贞《索隐》，引用《世本》均作《系本》，《帝王世纪》作《帝王代纪》，都是为唐太宗避讳而改字。因为《史记》几乎是人人必读之书，故此点也成为读史的常识。“民”字最常见的是改为“人”，《史讳举例》云：“章怀注《后汉书》，避太宗讳，民字皆改为人。如《光武纪》‘兆人涂炭’，‘为人父母’，‘祖宗之灵，士人之力’，是也。今本有作民者，则宋以后校书者回改。”然而改字影响深远者却是“民”字改为“户”字，古代六部之一的户部，在唐以前称民部，贞观二十三年六月，“改民部尚书为户部尚书”（《旧唐书·高宗纪》），从此一直沿用。

为李世民避讳还有一事应该提及，那就是改偏旁，凡涉及“世”、“民”的偏旁也须避改。《史讳举例》列举：

> 《唐石经》:《毛诗》“洩洩其羽”（引者按：即《诗经·邶风·雄雉》“泄泄其羽”），“桑者洩洩兮”（引者按：即《诗经·魏风·十亩之间》“桑者泄泄兮”），“无然洩洩”（引者按：即《诗经·大雅·板》“无然泄泄”），“是洩袢也”（引者按：即《诗经·鄘风·君子偕老》“是泄袢也”），“俾民忧洩”（引者按：即《诗经·大雅·民劳》“俾民忧泄”），皆避世旁。“甿，刺时也”，“甿之蚩蚩”，“甿六章”（引者按：即《诗经·卫风·氓》之内容，“甿”即“氓”字），皆避民旁。

这也仅仅是举例性质，已经够复杂了，其实尚未将有关讳例全部列举，如改“昬”字为“昏”，改“愍”字为“慜”之类，姑从略。

五代十国沿袭唐代风气，避讳很严，但为时短暂，割据为政，如列举十五个政权的讳例，实在繁杂，仍从略。

宋代避讳大有超过唐代的势头，那时的学者已经感觉到这一点，南宋洪迈就说："本朝尚文之习大盛，故礼官讨论，每欲其多，庙讳遂有五十字者。举场试卷，小涉疑似，士人辄不敢用，一或犯之，往往暗行黜落，方州科举尤甚。此风殆不可革。"（《容斋三笔》"帝王讳名"条）所谓庙讳五十字，说的是一个皇帝的名字，要避讳的字就有五十个。当然这是最极端的例子，而这个皇帝就是苟安江左、杀害岳飞的宋高宗赵构，按朝廷的规定，要避五十五个字。要避这么多字，自然都是同音字，这在避讳里叫做"避嫌名"。宋以前也有避嫌名的，但没有规定，可避可不避，在宋代有了具体的规定，形势就严峻了。

这种形势，追根溯源，是开国时就重视避讳造成的。宋太祖赵匡胤登极之初，建隆元年正月，"甲子，赐皇弟殿前都虞侯匡义名光义"；三月，"乙巳，改天下郡县之犯御名、庙讳者"（《宋史·太祖纪》）。给后来当了宋太宗的赵光义改名字，是避讳，令大下郡县犯御名、庙讳的都改名，更是如此。这是开国之初发布的政令，与重要官员的任命并列，可见是当作重大的政治举措而颁布的，重视的程度不言自明，所以有宋一代的避讳特严也是可以理解的。

即以宋太祖赵匡胤为例，根据《淳熙重修文书式》规定，“匡（原注：去王切。引者按：此即该字的读音。据此，凡同音字均为应避的嫌名）筐眶恇劻迋等十八字”，“胤（原注：羊晋切）酳靷引等十七字”（转引自《史讳举例》）。比起单名要避五十五个字，赵匡胤双名避三十八个字，并不算多。讳例有：

匡改为正，为辅，为规，或为纠，为光，为康。匡国军改定国军，匡城县改鹤丘。胤改为裔，胤山县改平蜀，吕馀庆名胤，以字行。（《史讳举例》）

关于赵匡胤的避讳，还有一件有趣的事。因为避讳，一部书变为两部书。在《宋史·艺文志》“经部”著录唐代颜师古《刊谬正俗》八卷，而在“子部”著录颜师古《纠缪正俗》八卷。其实本来就是一种书，古代“谬”、“缪”二字通用，只是一改“匡”为“刊”，一改“匡”为“纠”，结果弄出了这样的笑话。

辽金元三朝本不可一概而论，但都不举例了，故一并于此叙及。辽金都是割据政权，虽有避讳之例，从略。元朝基本不讲避讳，尽管《元典章》载有关于回避御名、庙讳的规定，却全属具文，因而亦无须举例。

明朝在很多方面继承了元代遗风，比如史家常常提起的“廷杖”，这种粗暴对待朝廷大员的做法即此类，而不大讲究避讳，也是如此。据陈垣先生的研究，是“万历而后，避讳之法稍密。故明季刻本书籍，常多作尝，洛多作雒，校多作较，由字亦有缺末笔者”。又说：

> 《日知录》廿三言：“崇祯三年，奉旨颁行天下，避太祖成祖庙讳及孝武世穆神光熹七宗庙讳，正依唐人之式。”又言：“崇祯二年，兵部主客司主事贺烺，以避皇太子名，改名世寿。而光宗为太子，河南府洛阳县及商州洛南县，并未尝改。”据此，则明讳之严，实起于天启崇祯之世。(《史讳举例》)

鉴于这种情况，举例亦无大意义，以上所引即足以了解大概。

清代避讳之严苛，前已提及。但毕竟满族是东北地区的少数民族，入关之前并不懂这一套，入关初期也不理会这些汉地的虚文俗套。随着入关日久，汉化日深，则逐渐体会到避讳对于维护专制政权和帝王权威的重要性，从康熙朝始讲避讳，雍正、乾隆两朝更是变本加厉，以至发生“字贯案”那样的文字狱。在这时避讳已不仅仅为清代诸帝，甚而要求为以前各朝的皇帝避讳！我们前面说过，避讳都是一个王朝为自家的帝王讲求，并不管以前各朝各代的事，那是一般情形，清代却要特殊。《四库全书总目》卷首载乾隆四十二年十月初七日上谕：

四库全书馆进呈李廌《济南集》，其《咏凤凰台》一首，有“汉彻方秦政”，何乃误至斯之语，于理不顺。因检查《北史·文苑传叙》，亦有“颉颃汉彻，跨蹑曹丕”之句，《韵府》因而录入，均属未协。秦始皇焚书坑儒，其酷处不可枚举，号为无道，秦后之人深恶痛绝，因而显斥其名，尚无不可。若曹丕躬为篡逆，称名亦宜。至汉武帝，在汉室尚为振作有为之主，且兴贤用能，独持纲纪，虽黩武惑溺神仙，乃其小疵，岂得直书其名，与秦政、曹丕并论乎！自古无道之君，至桀纣而止，故有指为“独夫受”者。若汉之桓灵，昏庸狂暴，遂至灭亡，亦未闻称名指斥，何于武帝转从贬抑乎……若李延寿（引者按：《北史》作者）乃唐臣，李廌乃宋臣，其于中国正统之汉武帝，伊祖未尝不曾为其臣，岂应率逞笔端，罔顾名义，轻妄若此……惟准以大中至正之道，为万世严褒贬，即以此卫是非。此等背理称名之谬，岂可不为改正，以昭示方来？着交武英殿，将《北史·文苑传叙》改为“汉武”，《韵府》内删去此条，酌为改刊。所有陈设之书，悉行改补。李廌集亦一体更正，并谕四库全书馆臣等，于校刊书籍内遇有似此者，俱加签拟改，声明进呈，毋稍忽略。将此通谕知之。

这种避讳当然还是有些区别，不是像当朝避讳那样，就不许出现那个需要避讳的字；而是不能称名，称名就是不敬，“于理不顺”。乾隆皇帝要“为万世严褒贬”，要“卫是非”，表明他已经悟到避讳之真谛，维护以往的皇帝的尊严，其实还是维护他自己的尊严，这就是他那个“大中至正之道”。

清代避讳从康熙朝开始，我们就以康熙皇帝为例。康熙帝庙号圣祖，名玄烨，讳例是“以元煜字代（引者按：即“玄”改为

“元”，“烨”改为“煜”），称范晔为范蔚宗（引者按：范晔字蔚宗，《后汉书》作者），玄武门改神武”（《史讳举例》）。

清代距今最近，影响所及，避讳之字现在也偶尔可见。陈垣先生1928年时撰《史讳举例》，说：“今俗书玄弘宁贮等字，犹多缺笔，岂为清讳，因仍习惯，视为固然，忘其起于避讳矣。”“玄”字避康熙讳，“弘”字避乾隆讳（乾隆帝名弘历），“宁”字避道光讳（道光帝名旻宁），“贮”字避咸丰讳（咸丰帝名奕詝）。那时距清朝灭亡还不足二十年，所以还能看到许多避讳的缺笔字，那是因为写缺笔字已经习惯，人们潜意识中认为唯有缺笔才是正确写法，受避讳教育的那一代人并未因进入民国而改变书写习惯。现在当然看不到缺笔字了，但还有避讳改字，比如1984年出版的《宋明理学史》上卷，其绪论最末有“钩元提要”一语。“元”字即为康熙帝避讳的改字，此语本作“钩玄提要”，出于韩愈《进学解》，原作“记事者必提其要，纂言者必钩其玄”。这也是受清人著作和清代出版物的影响。

为皇亲国戚避讳

此处所谓皇亲国戚，内容比传统意义上的宽泛一些。我们所说的是现在认为的亲属，即皇帝的家庭成员和亲属，通称为皇亲国戚。其实有一些在古代是不这么看待的，比如开国皇帝的祖父、父亲等，那时也都要追封为帝。我们知道的大都是参与过创业的，诸如曹操，曹丕代汉之后称为魏武帝；司马懿、司马师、司马昭父子三人，在西晋都尊为皇帝，称为宣帝、景帝、文帝。他们在正史中还都有本纪，与真正当过皇帝是一例看待的。未参与创业而追封为帝的，在避讳上和真正的皇帝一样严格，我们先介绍这一类。

唐宋两代的皇室祖先在避讳上影响较大，就以此二代为例。唐高祖李渊的祖父李虎，追封为景帝，庙号太祖，“虎”字在唐代就成为讳字，改为“兽”、“武”、“豹”、“彪”等。《史讳举例》“避讳经后人回改未尽例”列举了很多避“虎”字的例子（还有不少被后人回改之例）：

又卷一（引者按：指《隋书》）之虎牢作武牢，虎贲作武贲，卷二之虎符作兽符，而卷中韩擒虎之名屡见。

《北史·穆罴传》：“罴从太武田崞山，有虎突出，罴搏而获之。帝叹曰：‘诗云有力如武，罴乃过之。’”《魏书·穆罴传》作“有力如虎”。《北史》避唐讳，两虎字皆改为武。后人校者，乃将前武字回改为虎，而后武字仍之，以致一行之中，虎武并见。

《南史·宋少帝纪》：“景平元年闰四月，魏军克虎牢。”《宋文帝纪》：“元嘉七年十一月，魏克武牢。”

《梁敬帝纪》："太平元年十一月，起云龙神武门。"《陈宣帝纪》："太建七年六月，改作云龙神虎门。"《傅亮传》："见客神兽门。"

《齐高帝纪》："索白虎幡。"《王昙首传》作白兽幡。

《沈攸之传》："建安王休仁屯虎槛。"《邓琬传》作武槛。

《刘怀珍传》："虎贲中郎将。"《陆佃夫传》作武贲中郎将。

凡此皆经后人回改而未尽者。

又《王莹传》："时有猛兽入郭，上意不悦，以问群臣，莹曰：'陛下膺箓御图，虎象来格。'帝大悦。"一行之中，虎兽并见。

这么多例子都是讲"虎"字的避讳，在唐代是全部改过的，都不写作"虎"，流传到现在则又有很多经后人回改的，似乎混乱，有避有不避，理解这是"回改未尽"就清楚了。

李渊父亲李昞被追封为元帝，庙号世祖，昞、炳、丙等都须避讳，一般是改为"景"。因为讳"丙"字，遂使干支这样的古代社会生活常用字也须改写，"如万岁通天二年《石刻浮图铭》，丙申作景申，丙寅作景寅，是也。晋、梁、陈、北齐、周、隋、南、北八史，皆修于唐，丙皆作景。今本多回改为丙。其未回改者，《晋》《隋书》《北史》本纪仍作景，《陈》《周书》《南史》本纪则作丙，《北齐书》景丙互见，《梁书》皆作丙，而纪中大通四年二月景辰仍作景，则回改未尽者也"(《史讳举例》)。

宋代追尊得更远，从赵匡胤算起，上溯始祖玄朗、远祖轩辕、高祖朓、曾祖珽、祖父敬、父弘殷，均在避讳之列。兹仅举一例，以免繁冗。赵弘殷被追封为昭武帝，庙号宣祖，“弘”字改为“洪”，“殷”字改为“商”，或其他。《宋史·地理志》虢略县，“唐弘农县，乾德初改常农，至道三年改今名”。其实“弘农县”在乾德初年改作“恒农县”，是避“弘”字；为避宋真宗赵恒讳，史书称为“常农”；改为“虢略”，是真宗登极后彻底避讳的结果。《宋史·艺文志》别集类著录“商璠《丹阳集》一卷”，总集类还著录“殷璠《河岳英灵集》二卷，又《丹阳集》一卷”。本是一人，为避讳改了姓，结果弄成两个人，多出来同样的一种书。

再一类是为皇后、皇太后、皇妃等避讳。最早的应该是汉高祖刘邦的皇后——吕后，本名雉。《史记·封禅书》“野鸡夜雊”，《集解》引如淳曰：“野鸡，雉也。吕后名雉，故曰野鸡。”即把雉这种很美丽的鸟改称野鸡，后者反而大为通行，几乎取代了前者。还有一个有名的是晋简文郑太后，留下一个成语“皮里阳秋”，就是因给她避讳而有。郑太后名阿春，生前没有当过皇后，只是个夫人，属于嫔妃中的一员，可她生的儿子后来当了皇帝，母以子贵，跟着儿子称“简文郑太后”。那时因避“春”字，《春秋》这部书就改为《阳秋》。《隋书·经籍志》著录晋人的几部史著，均是如此，有习凿齿撰《汉晋阳秋》四十七卷，孙盛撰《晋阳秋》三十二卷；后来刘宋时檀道鸾撰《续晋阳秋》二十卷，也沿用了这样的书名。“皮里阳秋”的出典是《晋书·褚裒传》，褚裒字季野，桓彝对他的评价是“季野有皮里阳秋”，这是说他“外无臧否，而内有所褒贬也”。孔子修《春秋》意存褒贬，肚皮里的《春秋》则别人不知道。现在这个成语的意思还是指内心里有评论而不说出来。

另有为外戚避讳一类。《史讳举例》专列“外戚讳例”一节，以下摘引几则：

蔡邕《独断》上云：“禁中者，门户有禁，非侍御不得入，故曰禁中。孝元皇后父大司马阳平侯名禁，当时避之，故曰省中，今宜改，后遂无复言之者。”（引者按：汉元帝王皇后之父，名王禁。见《汉书·外戚恩泽侯表》）

《晋书·虞预传》：“本名茂，犯明穆皇后母讳，故改焉。”（引者按：《晋书·后妃传》载，明穆皇后是元帝之后，姓虞，这位虞皇后曾在成帝时临朝听政。其母毋丘氏。虞预撰有《诸虞传》十二篇，大约很以虞姓为荣，特意改名为虞后之母避讳，亦可能与此有关。）

《新唐书·地理志》：山南道夔州，本名信州，武德二年改，盖避唐高祖外祖独孤信名也。又垂拱初，避武氏祖讳，改华州曰大州，华阴县曰仙掌，华原县曰永安，华容县曰容城，江华县曰云汉，华亭县曰亭川。（引者按：《周书·独孤信传》载：“信长女，周明敬后；第四女，元贞皇后；第七女，隋文献后。周、隋及皇家三代皆为外戚，自古以来未之有也。”此所谓“第四女元贞皇后”即唐高祖李渊之母，皇后是追封的。又，“垂拱”为武则天称帝时的年号，“武氏祖”指武则天的祖父。《新唐书·宰相世系表》载，则天祖父名武华。故有“华”的地名皆改。）

《宋史·石元孙传》：“始名庆孙，避章献太后祖讳易之。”《李继隆传》：“继隆子昭庆，改名昭亮。”盖章献明肃刘皇后祖名延庆也。而徽宗时有保安军人刘延庆，为镇海军节度使，死于靖康之难。又后父名通，天圣初改通进司为承进司，诸州通判为同判，通事舍人为宣事舍人。又改淮南之通州为崇州，蜀之通州为达州，通利军曰安利，通化县曰金川。（引者按：据《宋史·后妃传》，真宗刘皇后在仁宗初年垂帘听政。祖父名延庆，在晋、汉间为右骁卫大将军；其父名通，官至虎捷都指挥使、嘉州刺史。太后执掌朝政，所以为其祖、父避讳，太后本人却没有留下名字，也不避讳。）

此类避讳都为时短暂，与帝王避讳不同。

为家庭尊长避讳

此类简称“避家讳”，前面所举两类为“避国讳”。国讳属于公共领域，家讳属于私人领域，因而只是在小范围内实行。

这种风俗起源也很早。《礼记·曲礼》曰：“入竟（境）而问禁，入国而问俗，入门而问讳。”孔颖达疏：“入门而问讳者：门，主人之门也。讳，主人祖、先君名，宜先知之，欲为避之也。问讳而以门为限者，主人出至大门外迎客，客人入门方应交接，故以门为限也。”就是说到别人家拜访，须问清楚主人家的避讳（祖父、父亲的名字），在人家家里是不能犯讳的，否则为无礼，是没教养的表现。

避家讳常举的例子是司马迁，其父名谈，因而他在《史记·赵世家》记载赵氏家臣张孟谈为张孟同，《史记·佞幸列传》载赵谈为赵同，意即与其父同名。《后汉书》作者范晔，其父名泰，书中将郭泰改为郭太，郑泰改为郑太。因为家讳用到了史书里，实际上进入公共领域，所以很是引人注目。

南北朝时很多人特重家讳，以至于闹出笑话：

> 梁世谢举，甚有声誉，闻讳必哭，为世所讥。又有臧逢世，臧严之子也，笃学修行，不坠门风；孝元经牧江州，遣往建昌督事，郡县民庶，竞修笺书，朝夕辐辏，几案盈积，书有称“严寒”者，必对之流涕，不省取记，多废公事，物情怨骇，竟以不办而还。此并过事也。（《颜氏家训·风操篇》）

这些“闻讳必哭”的事例，是北齐著名学者颜之推记下来的。家讳是自家人避忌，不能干涉别人，然而遇到别人犯讳，则有这些在当时看起来也觉得过分的人，做出这类不合人情、因讳废事的怪止。以故颜之推接着记述了他认为正确的避讳方式：

凡避讳者，皆须得其同训以代换之（引者按：同训即同义词）：桓公名白，博有五皓之称；厉王名长，琴有修短之目。不闻谓布帛为布皓，呼肾肠为肾修也。梁武小名阿练，子孙皆呼练为绢，乃谓销炼物为销绢物，恐乖其义。或有讳云者，呼纷纭为纷烟；有讳桐者，呼梧桐树为白铁树，便似戏笑耳。

周公名子曰禽，孔子名儿曰鲤，止在其身，自无可禁。至若卫侯、魏公子、楚太子，皆名虮虱；长卿名犬子，王修名狗子，上有连及，理未为通，古之所行，今之所笑也。北土多有名儿为驴驹、豚子者，使其自称及兄弟所名，亦何忍哉？前汉有尹翁归，后汉有郑翁归，梁家亦有孔翁归，又有顾翁宠，晋代有许思妣、孟少孤：如此名字，幸当避之。

今人避讳，更急于古。名子者，当为孙地。吾亲识中有讳襄、讳友、讳同、讳清、讳和、讳禹，交疏造次，一座百犯，闻者辛苦，无憀赖焉。

这些说的都是避家讳，所以人们给儿子取名的时候，就要想到孙子避讳的问题，不要取常见的字，容易犯讳。因为讲避讳，连带讲了很多他认为取名时需要注意的方面，特别是时代变迁，“古之所行，今之所笑”，不能仿效古人取名的某些用意。

宋周密《齐东野语》“避讳”条有专讲家讳的内容多则，摘引如下。一条是文人自避家讳的：

淮南王安，避父讳长，故淮南书，凡言长悉曰修。王羲之父讳正，故每书正月为初月，或作一月，余则以政字代之。王舒除会稽内史，以祖讳会，以会稽为剑稽。司马迁以父讳谈，《史记》中赵谈为赵同子，张孟谈为孟同。范晔父名泰，《后汉书》郭泰为郭太。李翱祖父名楚今，故为文皆以今为兹。杜甫父名闲，故杜诗无闲字。苏子瞻祖名序，故以序为叙，或改作引。曾鲁公父名会，故避之者，以勘会为勘当。蔡京父名准，改平准务为平货务。此皆士大夫自避家讳也。

一条为避家讳不任官职或者任职的：

范晔为太子詹事，以父名泰，固辞，朝议不许。唐窦曾授中书舍人，以父名至忠，不受。议者以音同字别，乃就职。韦聿迁秘书郎，以父嫌名，换司议郎。柳公绰迁吏部尚书，以祖讳，换左丞。李涵父名少康，为太子少傅，吕渭劾之。本朝吕希纯，以父名公著，而辞著作郎。富郑公父名言，而不辞右正言。韩亿、绛、缜，家讳保枢，皆为枢密而不就。此除官有避不避也。

一条是位高权重者为家讳改官名的：

至若后唐，郭崇韬父名弘，改弘文馆为崇文馆。建隆间，慕容彦钊、吴廷祚皆拜使相，而钊父名章，廷祚父名璋，制麻中为改“同为中书门下平章事”为“二品”。绍兴中，沈守约、汤进之二丞相，父皆名举，于是改提举书局为提领。此则朝廷为臣下避家讳也。

还有两则避家讳过分的。一条是自避：

国朝刘温叟，父名乐，终身不听丝竹，不游岱嵩。徐绩父名石，平生不用石器，遇石不践，遇桥则令人负之而过。此皆避讳不近人情者也。

一条是为他人避：

若北齐熊安生者，将通名见徐子才、和士开，二人相对。以子才讳熊，士开讳安，乃称触触生，群公哂之。

用“触”字，是触犯的意思。熊安生将要晋见两个高官，他的姓名中两个字犯此二人家讳，他就改那两个字为“触触”，自己的名字便成为“触触生”，故引人发笑。

因避家讳，还流传下有趣的故事。《南史·王彧传》载：

（王彧）长子绚。绚字长素，早慧，年五六岁，读《论语》至“周监于二代”，外祖何尚之戏之曰：“可改耶耶乎文哉。”绚应声答曰：“尊者之名安可戏！宁可道‘草翁之风必舅’。”

以上是《南史》给王绚在其父的传后所附的小传，附传中的事迹只有这么一件五六岁时的故事。这个故事包含三个避讳。第一个是外祖父和外孙开玩笑，让他把《论语》的“郁郁乎文哉”读为“耶耶乎文哉”。南朝人称父为“耶”，何尚之的意思是“郁”与“彧”读音完全一样，孩子应该为父亲避讳，开玩笑说就改为“耶”。第二、三个是小孩子的敏捷反应，先声明不能在尊长的名字上开玩笑，要能那样改的话，宁可说“草翁之风必舅”，把外祖父和舅舅都给带上了。这一句也是《论语》里的，即“草上之风必偃”。何尚之名中有“尚”字，“上”与“尚”读音全同；何尚之有子名偃，是王绚之舅，其字更须避讳，所以就有了这个千古名句。

开玩笑之外，还有恶作剧的。《南史·王亮传》：

> （王亮）父攸，字昌达。……时有晋陵令沈巑之，性粗疏，好犯亮讳。亮不堪，遂启代之。巑之怏怏，乃造坐云：“下官以犯讳被代，未知明府讳。若为攸字，当作无骹尊傍犬？为犬傍无骹尊？若是有心攸？无心攸？乞告示。”亮不履下床，跣而走。巑之抚掌大笑而去。

王亮是晋陵太守，沈巑之任晋陵令，是其下属，却屡犯长官之讳，因而被迫离任。去职之人反而胆子更大，索性大犯特犯一次，长官不能忍受，光着脚逃跑了。“无骹尊”即“酋”字，意即没腿的“尊”，“无骹尊傍犬”是“猷”字，“犬傍无骹尊”是“犹”（繁体为猶）字，后二字常见，即“悠”和“攸”，四个字读音一样，全都犯讳，而沈巑之反复陈说，难怪王亮逃之夭夭。

唐代诗人李贺，避家讳使后人为之惋惜。其父名晋肃，他终身不考进士，就因为进士的“进”犯讳。韩愈还专门为此写了一篇《讳辨》，说按礼制是不讳嫌名的，亦即同音字不必避讳，但也未能劝说李贺应考。此事遂成为文学史上介绍李贺性格特征的典型事例。我们看此事例，也可以说名之用大矣哉，父亲的名字影响到儿子一生的发展方向。关于名字的文化传统，其作用殆不可小觑。

为圣贤避讳

这样的事例不多，只发生在宋、金和清代。

宋代为黄帝避讳。钱大昕《十驾斋养新录》有“宋人避轩辕字”一条，云：

> 予见宋板经籍，遇轩辕二字则缺笔，初未详其说。后读李氏《通鉴长编》，载：大中祥符五年十月戊午，九天司命上卿保生天尊降于延恩殿，自言：“吾人皇九人中一也，是赵之始祖。再降乃轩辕黄帝，凡世所知少典之子，非也。母感电，梦天人，生于寿丘。后唐时七月一日下降，总治下方，生赵氏之族，今已百年矣。”闰十月己巳，上天尊号，曰“圣祖上灵高道九天司命保生天尊天帝”。壬申，诏：“圣祖名，

上曰元（引者按：实为玄，此清人避康熙讳，径用元字），下曰朗，不得斥犯。以七月一日为先天节，十月二十四日为降圣节。”七年六月己卯朔，诏：“内外文字，不得斥用黄帝名号故事。其经典旧文不可避者，阙之。”乃悟轩辕二字阙笔之由。《宋史·真宗纪》亦载禁斥黄帝名号事，而其文不详。

宋真宗装神弄鬼，搞出个始祖赵玄朗，比黄帝还早，连带黄帝也进入避讳之列。直到南宋时，还为黄帝避讳。《绍熙重修文书令》云：

诸文书不得指斥援引黄帝名，经史旧文则不避。（以下为原注文）如用从车从干，冠以帝字，或继以后字，合行回避。自余如轩冕、轩轾、轘辕之类，即不合回避。（转引自《史讳举例》）

但规定还比较宽，只说用“轩帝”、“轩辕”时避讳，其他词汇有“轩”字、“辕”字亦不避。

宋代为孔子避讳。《十驾斋养新录》又有“孔子讳”条，云：

大观四年，避孔子讳，改瑕丘县为瑕县，龚丘县为龚县。《至正直记》：“丘字，圣人讳也。子孙读经史，凡云孔丘者，则读作某。以丘字朱笔圈之，凡有丘字，读若区。至如诗以为韵者，皆读作休，同义则如字。”

为孔子避讳，还有女真所建金朝。金人把宋朝廷赶到江南，却学习宋朝尊崇孔子的办法。《金史·章宗纪》载，明昌三年十一月，“丙子，诏：臣庶名犯古帝王而姓复同者，禁之。周公、孔子之名亦令回避”。这一次比较宽，是不允许人取名和古代帝王完全一致，姓名全同，顺便捎带上了周公和孔子，也就是说姓孔的人不能取名为孔丘。还是这个皇帝，到泰和五年三月，“甲戌，谕有司：进士名有犯孔子讳者，避之，仍著为令”。这次不管姓什么，名字都不得犯孔子讳，显然严厉多了。不过，女真皇帝讲的避讳，只是人名不能犯讳，还是没有宋朝那样宽泛，又改地名，又变读音，到底是差一点儿。

宋朝还为老子避讳。《十驾斋养新录》还有“老子讳”条，云：

> 吴曾《漫录》：政和八年八月御笔：“太上混元上德皇帝，名耳，字伯阳，及谥聃，见今士庶多以此为名字，甚为渎侮。自今并为禁止。”今按南渡秦相（引者按：即秦桧）子熺字伯阳，当时不以为非，则政和之禁未久即弛矣。

宋朝两个特别尊崇道教的皇帝，一是真宗，搞天尊下降之类，顺便规定了为轩辕黄帝避讳；再就是徽宗，为老子避讳就是这位的杰作。不过，为老子避讳也是有限定的，只是不让人们用

“耳”、“伯阳”、“聃”命名，还不能与一般意义上的避讳同日而语。

清代避孔子讳，则很严格，从雍正年间作了规定起始，清代刊刻的书籍都遵行不误，今天多能看到。据《茶香室续钞》引叶名沣《桥西杂记》：

> 雍正三年上谕：“孔子讳理应回避，令九卿会议。”九卿议以凡系姓氏，俱加阝为邱；凡系地名，皆改易他名；书写常用，则从古体作坵。上谕：“今文出于古文，若改用坵字，是未尝回避也。此字本有期音，查《毛诗》古文作期音甚多，嗣后除四书五经外，凡遇此字，并加阝为邱，地名亦不改易，但加阝旁，读作期音，庶乎允协。”按加阝作邱，至今通行，至读期音，则世鲜知者。（转引自《史讳举例》）

清代避孔子讳，最主要的就是用“邱”代“丘”，影响深远，现在“邱”这个字用得很多，不亚于“丘”字。其实在清代以前用得很少，按《说文解字》的解释，只是个地名，是专用的，和“邶”、“鄘”等字一样。因为避孔子讳，清人刻书把很多“丘”都改了，以至于现在的辞书也不能分辨得很清楚。再是缺笔避讳，在孔子的这个“丘”字上也用得很普遍，笔者手头参考的一本《十驾斋养新录》是1937年商务印书馆的排印本（确切地说，是1983年上海书店影印本），“丘”字都是缺笔。总之，清代避孔子讳，其严格程度大致与清代诸帝不相上下。

其他避讳

除以上几类外，还有一些不太常见的现象，虽是避讳，但无法归入那些类型。主要还在于，这些现象不合传统礼制，是从常见的避讳衍生出来的。

其一是为本人避讳。按照礼制，是“名，终将讳之”，人死以后其名才需要避讳。皇帝之避御名，已是后代无知而媚上者所为，但迎合了帝王作威作福的心理，故能成为定式。而臣庶之人避名讳，似乎出现较晚，宋代才有记载。有一个著名的成语，属于此类，即“只许州官放火，不许百姓点灯”。据陆游《老学庵笔记》记载，有个叫田登的人做州官，让本州为他的名字避讳，而且讳嫌名，都须称“灯”为“火”。上元节放灯，让人们到城里去观看，贴出的榜文上赫然写着：“本州依例放火三日。”避讳而进入日常用语，这是最为特殊的一例。

《齐东野语》“避讳”条有两则类似的例子：

> 蔡京在相位日，权势甚盛，内外官司公移皆避其名，如京东、京西并改为畿左、畿右之类。蔡门下昂避之尤谨，并禁其家人，犯者有笞责。昂尝自误及之，家人以为言，乃举手自击其口。蔡经国闻京闽

音，称京为经，乃奏乞改名纯臣。此尤可笑。

绍圣间，安惇为从官，章惇为相，安见之，但称享而已。

蔡京比田登的官大得多，小人要巴结他，为他避名讳，他不制止，坦然接受，其实和田登自避名讳差不多。至于薛昂、蔡经国，又是小人中之小人，谄佞至极。薛昂为蔡京避讳，自打嘴巴的事，就载于《宋史》本传中。蔡经国为蔡京避讳，连名字中的“经”字亦不敢用了，奏请改名，丑态毕现。安惇已入《宋史·奸臣传》，可不多言。

其二是恶意避讳。《史讳举例》有“恶意避讳例”一节，兹摘引如下：

避讳有出于恶意者，唐肃宗恶安禄山，凡郡县名有安字者多易之。试以《新唐书·地理志》核之，凡至德元二载所改郡县名，皆因其有安字也。（引者按：以下列举两年中所改地名共三十五个，从略。）

这种避讳不好理解，避讳本为尊重，此却为厌恶，是避讳走向了反面。又：

沈德符《野获编》二言：“宋南渡后，人主书金字俱作今，盖与完颜世仇，不欲称其国号也。至高宗之刘贵人，宁宗之杨后，所写金字亦然，则宫闱亦改用矣。”

这已经不是人名，与本书讨论的主题游离了，但与厌恶安禄山的做法相同，显然是受唐肃宗的影响，是因人名避讳而引发的，故附于此处。又：

《宋史·王子融传》："本名皞，字子融。元昊反，请以字为名。"此则耻于同名者也。《朱谔传》："初名绂……以同党籍人姓名，故改名。"崇宁二年十二月诏，臣僚姓名有与奸党同者，并令改名。奸党谓元祐党人也。

此例是因厌恶而改自己之名，与避讳之本义相悖，故亦为恶意避讳。还有一则是因厌恶而改姓的：

《鲒埼亭集》十四《南岳和上退翁碑》："退翁，扬之兴化县人，姓李氏。父嘉兆，甲申之变，贻书其子曰：'吾始祖咎繇为理官，子孙因氏理，其后以音同，亦氏李。今先皇帝死社稷，而贼乃李氏，吾忍与贼同姓乎！吾子孙尚复姓理氏。'先是中州李嵈和上书请改理氏，嘉兆适与之合，天下传为二理。"此则耻于同姓，亦避讳之别开生面者也。

因厌恶而改名改姓，与尊崇之改名姓成为一物之两面，构成避讳的全部，对立统一，也是充满辩证法的一种现象。

避讳已经成为历史陈迹，而今再难觅其踪影，但文化的烙印还是在我们的显意识和潜意识中时时发生影响。现在，无论多么显赫的人物，称名字都不犯忌，可是当面直呼其名仍然不妥，也没有人这么做。直呼其名，一般是上级对下级，老师对学生，同事、同学之间也可以称呼，而下级对上级、晚辈对尊长，则几乎无人冒此大不韪。虽然欧风美雨浸润多年，也有个别家庭子女对父母称名字，那还是极少极少，缺乏普遍性。社会上见得最多的，是称官衔、称职务之类，有官职而被呼名字，那肯定是受了冒犯，心里别扭。我们很难见到如此冒犯官员的人物，即便有，亦属另类。从文化传统上来看，避免称呼在上者的名字，在人们的常识中占有一个清晰的位置，这个位置，很大程度上是拜数千年避讳文化现象所赐吧。

二
图谶

中国古代很流行图谶，或称谶言、谶语，是以谣谚的形式传播，作某种政治预言，影响社会心理，进而影响历史进程。这是我国传统神秘文化的一部分，但与现实政治纠结颇深，且多与改朝换代相联系，故与一般的迷信并无多大关系。

较早的一条谶语是“今年祖龙死”，载于《史记·秦始皇本纪》，预言始皇帝活不出当年，结果第二年死了，没完全应验，但其煽动反抗暴秦、摇动人心的用意应该说是达到了。这一条即有《四库提要》所谓“谶者，诡为隐语，预决吉凶”的两个要素。“祖龙”即隐语，“预决吉凶”则无须多言。

据研究，谶的概念是汉代才有的，虽然之前已有此类隐语式预言，但还没有归纳出这么精粹凝练的说法。秦汉之际，社会动荡，人心思乱，谣谚甚多，承平之后，遂有人为此现象创此佳名。当时人认为，谶言就是应验的意思，故《说文解字》谓“谶，验也”。人们很愿意相信那些有效验的预言，以为是神秘力量给人间的启示。东汉时很理性的张衡，上书反对图谶，也说“立言于前，有征于后，故智者贵焉，谓之谶书”（《后汉书·张衡传》）。总之，能够应验是谶言曾经被推崇的原因。

谶言之预言性质，决定了它与姓名有着割不断的联系。因为谶言多涉及具体的人，姓名是代表具体人的符号，故谶言中关于名字的隐语特多，因而图谶可以看作一种与姓名有关的文化现象。上举“今年祖龙死”一条，隐语“祖龙”指的人就很具体，不过是这个人自称“始皇帝”，不用他本来的名字罢了。

前人对于图谶的研究不是很多，但幸好在20世纪90年代丁鼎、杨洪权两位学者在山西人民出版社出版了他们的著作《神秘的预言——中国古代谶言研究》一书，特别是该书的下编古代谶言辑览，辑录了谶言的基本资料，为本书这一节的写作提供极大的方便，谨在此表示谢意。

名字本身为谶

一个人名字的含义预示了他的将来，或者说是这个人的命运与其名字的含义有巧合，名字成为一种预言，此即我们所谓“名字本身为谶”。古人很乐意从这方面来解释一些人和事，留下了关于名字和命运的有趣话题。

西周末年，晋穆侯率兵随同周宣王讨伐条戎，吃了败仗，这一年，穆侯夫人产下一子，穆侯命名为“仇”；三年后，穆侯自率一军讨伐千亩，打了胜仗，夫人又生一子，命名为“成师”。晋大夫师服评论道：

> 异哉，君之名子也！夫名以制义，义以出礼，礼以体政，政以正名，是以政成而民听。易则生乱。嘉耦曰妃，怨耦曰仇，古之命也。今君命大子曰仇，弟曰成师，始兆乱矣。兄其替乎！（《左传·桓公二年》）

说名字取得不好，是晋国发生变乱的兆头，还预示兄长要被替代，将来掌权的是弟弟这一边。

名字中的含义，《左传》仅解释了“仇”，没有解释“成师”。《史记·晋世家》记载师服之说，两个名字都有解释：“大子曰仇，仇者，雠也。少子曰成师，成师大号，成之者也。”这个解释很清楚，雠是有对头的意思，成就是能成功。大儿子有对头，有对立面与他争衡，小儿子却能成功，后者取代前者就很明白了。

事实上后来的情况并不完全像预言的那样。名仇的大儿子在历史上赫赫有名，即晋文侯，非常有作为。晋穆侯卒后，君位并未顺利传给他，而被穆侯之弟殇叔篡取，太子仇率领徒众杀掉殇叔，夺回君位。后来在周平王东迁的过程中立下大功，史称文侯勤王，平王赐给文侯秬鬯、圭瓒、彤弓、彤矢等物，还有一大篇嘉勉辞，即《尚书》中的《文侯之命》。文侯死后，子昭侯即位，把他叔叔成师封到曲沃，称曲沃桓叔，这时晋国公室才真正树立了自己的对立面，已是晋文侯身后之事了。

事情在此后的发展似乎又回到了预言的轨道上，从桓叔受封开始，就启动了史称“曲沃代翼”的进程，弟弟成师这一支咄咄逼人，几十年如一日，反复争夺政权，经过桓叔之子曲沃庄伯、庄伯之子曲沃武公，三代人终于完成了夺取政权的心愿，曲沃武公到底改称为晋武公，后来著名的晋文公等，都是成师这一系的后裔，太子仇的子孙确实被替代了。从后一阶段说，预言还真是应验了。所以这个故事很有名，似乎取名的时候就把晋国的国运决定了。

还有个故事，是三国蜀汉的先主和后主的名字。先主无须说，即刘关张桃园三结义中的老大刘备，后主的乳名也是尽人皆知，叫阿斗，大名是刘禅。当时有谯周评论道：

《春秋传》著晋穆侯名太子曰仇，弟曰成师。师服曰（引者按：师服所说内容已见前引，故略去）……其后果如服言。及汉灵帝名二子曰史侯、董侯，既立为帝，后皆免为诸侯，与师服言相似也。先主讳备，其训具也，后主讳禅，其训授也，如言刘已具矣，当授于人也；意者甚于穆侯、灵帝之名子。(《三国志·杜琼传》)

谯周是引古证今，说明名字有预言性质。晋穆侯的故事我们在前面讲过了。他还说了东汉末年故事，两个皇帝的名字都应验了。这两个名字都是乳名，史侯即后来的少帝，因幼年交于史姓道士抚养，所以就叫史侯；他当皇帝时，外戚与宦官两个集团激烈斗争，引入大军阀董卓，董卓率兵进驻京师，自为相国，将少帝废为弘农王，于是成为名义上的诸侯。董侯即很有名的汉献帝，幼年由其祖母董太后抚养，因而叫董侯，他是由董卓拥立的，当皇帝以后一直没有好日子过，先是董卓，后是曹操，始终是一个被挟的天子，他竟是因为被挟而著名，最后又被曹丕废为山阳公，当名义上的诸侯也很勉强。这结局，似乎是幼年的名称给预示了的。

有这样的先例，如此应验，再来看先主和后主的名字，意思好像更明显了。先主名“备”，意思是“具”，现代汉语就是“完具”、“完备”之义，刘备，刘姓已经什么都有了，不再需要了，正好与“禅”就是“授”的意思相衔接，不需要就转授于人，政权将要禅让给别人。据记载，“蜀既亡，咸以周言为验”，认为谯周分析得很灵验。

名字真有这么灵吗？那大家都叫帝王将相，都叫尧舜禹，不就结了吗？

姓名应谶

与名字为谶的无奈相比，姓名应谶则是为人所追求的。谶语中有明确的人名，或有姓氏，预言此人或此氏将改朝换代，称王称帝，那么愿意充当这个人或是这个姓氏的实繁有徒，有《西游记》里孙悟空“皇帝轮流做，明年到我家”那种心理的人还真是不少，此即应谶。

这类故事最为人熟知的是西汉末年的谶言，名为《赤伏符》，又称《河图赤伏符》，文云：“刘秀发兵捕不道，四夷云集龙斗野，四七之际火为主。”此条谶言几乎没有隐语，仅最后一句稍稍费解，《后汉书·光武纪》章怀注谓：“四七，二十八也。自高祖至光武初起，合二百二十八年，即四七之际也。汉火德，故火为主也。”四七能数到二百二十八，其实牵强。火德之说，在汉代是常识，那叫“五德终始”，木火土金水五行，即五德，每个王朝自有一德，按西汉末年的说法，汉朝为火德，所以那样解释。

传出这条谶语的时间，最早可以确认为汉哀帝建平元年（公元前 6 年），因为这一年大学者刘歆专门改了自己的名字，本来名歆字子骏，改为名秀字颖叔，东汉人应劭说，刘歆改名就是为了应谶（《汉书·楚元王传附刘歆传》颜师古注引）。刘歆继承其父刘向的学问，“讲六艺传记、诸子、诗赋、方技，无所不究”（《汉书·楚元王传附刘歆传》颜师古注引），博通古今，然而有野心，无操守，帮助王莽篡权，建立新朝，封为红休侯、国师，还把女儿嫁给王莽的儿子，一心贪图富贵。所以他改名字完全是符合性格特点的。新莽末年，烽烟四起，有人煽动刘歆起事，说辞就是“刘氏当复兴，国师公姓名是也”（《汉书·王莽传》）。几个想搞政变的人，相信刘歆改过的名字能够应验，要举他为主。只是后来事机不密，阴谋被挫，刘歆自杀。改名应谶的事失败了。

就在建平元年十二月，东汉的开国皇帝刘秀出生，据说“是岁县界有嘉禾生，一茎九穗，因名光武曰秀”（《后汉书·光武纪》），是否与《赤伏符》有关系则不得而知。史书载光武帝见到此条谶语是在他登上皇帝宝座这一年，谶语还是他下决心称皇帝的重要原因。过程是这样的：

> 行至鄗，光武先在长安时同舍生彊华自关中奉《赤伏符》，曰“刘

> 秀发兵捕不道，四夷云集龙斗野，四七之际火为主”。群臣因复奏曰：“受命之符，人应为大，万里合信，不议同情，周之白鱼，曷足比焉？今上无天子，海内淆乱，符瑞之应，昭然著闻，宜答天神，以塞群望。”光武于是命有司设坛场于鄗南千秋亭五成陌。六月己未，即皇帝位。(《后汉书·光武纪》)

这一年刘秀称帝改元，称建武元年，是公元25年，在谶语初出的二十多年以后了。当时他们看待这条谶语，竟比周武王伐纣时的白鱼跃入舟中还要灵异，以为名字说得那么准，以前的符瑞哪能比得了呢？那时认为当皇帝是受命于天，天命就是统治人民的法理依据，但上天总得表示点什么，此即符瑞、谶语之类。光有实力，还是缺乏号召力，有了符瑞、谶语这些东西，高踞于人民之上就合情合理了，老百姓也会认可，这就叫“以塞群望”。所有的艰苦创业、百战艰难，最后要靠这些东西来画龙点睛。这其中还包含着，要表示一下我这江山不是争夺来的，争夺没有用处，都是天意，提醒天下人不能仿效，否则有野心的人都来争夺，这江山还怎么坐呢？由此来看，汉代人造的这谶语确实比“白鱼入舟”一类的符瑞更有说服力。即便如此，刘秀觉得这《赤伏符》还不够明确，他登极时宣布的是又一条谶记，为“刘秀发兵捕不道，卯金修德为天子”(《后汉书·光武纪》)，一定要说清楚，就该是他来当天子。所谓“卯金”，是繁体字“刘”字三个部分“卯金刀”的省称，点明了姓刘的有德之人要当天子，非刘秀莫属了。

名字应谶的灵异，成全了光武帝刘秀。姓氏应谶最著名者则属于武则天的故事。

这事儿缘起甚早，据《旧唐书·李君羡传》记载，贞观初年已经发生了，应该比武则天入宫的时间还早，武则天进入后宫当才人是在贞观十一年（《资治通鉴》卷一九五）。当时是李君羡任左武卫将军，镇守玄武门。玄武门乃唐太宗发动宫廷政变的要害之地，那次政变史称“玄武门之变”，可见李君羡是极其受信任的将领。然而事起非常，变幻不测，原因首先是“太白数昼见”，大白天好几次能看到太白金星，这不正常。按照占星术的解释，说是“女主昌”。而又有谣传，说“当有女武王者”。唐太宗得到这种解释，心里不安，他信这一套，必欲除掉应谶之人而心甘。但预示的是什么人？只能猜测。一次，在宫中宴请武官，行的酒令是各报小名。李君羡自称小名“五娘子”，太宗愕然，随即大笑说：“何物女子，如此勇猛？”（《旧唐书·李君羡传》）五娘子既有女子的意思，又和“武”同音，手握兵权，造反的条件已经具备，绝对是怀疑对象。唐太宗又想起李君羡封武连郡公，该郡还有武连县，都有“武”字，对这个人的嫌恶更加深了。其实唐太宗还没联想李君羡的现任官职左武卫将军有“武”，镇守的玄武门也有“武”，总之和“武”字摆不脱干系。不久，有人告发李君羡和妖人道信私下勾结，图谋不轨，太宗即下令把李君羡处死了，暂时缓解了心中的恐惧。

到唐太宗晚年，这个疑团还没有解开，谶言仍在流传，而且更具体了。据《资治通鉴》，是在贞观二十二年的一天，唐太宗询问李淳风，问流传的《秘记》说的“唐三世之后，则女主武王代有天下”，怎么解释？怎么办？《资治通鉴》卷一九九记载的对话是这样：

> 上密问太史令李淳风：“《秘记》所云，信有之乎？”对曰：“臣仰稽天象，俯察历数，其人已在陛下宫中，为亲属，自今不过三十年，当王天下，杀唐子孙殆尽，其兆既成矣。”上曰：“疑似者尽杀之，如何？”对曰：“天之所命，人不能违也。王者不死，徒多杀无辜。且自今以往三十年，其人已老，庶几颇有慈心，为祸或浅。今借使得而杀之，天或生壮者肆其怨毒，恐陛下子孙，无遗类矣。”上乃止。

此条称为《秘记》的谶言，把武则天大致在什么时候当皇帝都说明白了，李淳风还算出此人就在后宫，三十年以后年事已高，要杀好多李唐子孙，等等，恐惧也没用。还说如果把这个人杀了，上天再生出一个来，祸患就更大。由此而言，武则天当皇帝，在唐太宗时就笃定了。

武则天当皇帝，好几十年前就会有这么大的动静？我们还是赞同丁鼎、杨洪权他们的分析：“这条谶言似乎很灵验，唐第三代皇帝高宗死后，皇后武则天果然大杀李唐宗室，并终于篡唐自立为武周皇帝。其实这条谶言很可能是武则天篡唐以后，由好事者附会补作，即是一条颠倒时序的谶言。”（《神秘的预言——中国古代谶言研究》）

谶言猜谜

姓名应谶除了具有天命攸归的意义外，也是野心家为自己作政治冒险寻找到的心理依据，所以有那种很难破解的谶言，就成了好多人争相符应的对象。这类现象和猜谜几乎相同，而与猜谜的游戏性质大不相同，再加上只有谜面，没有谜底，最后是一道无解之题，只留下一个争相竞猜的过程。

记得小说《三国演义》中就提到一条谶言，“代汉者当涂高”，那确是历史上真实的存在。这条谶言竞猜的过程很漫长，有很多种猜测的结果，都和姓名相关，亦为历史文化之一大奇观。

此条谶言在西汉末年已经出现，那时各种谶言流行，这只是其中之一。在社会动乱中，新莽政权的导江卒正（即蜀郡太守，王莽改蜀郡为导江，太守为卒正）公孙述占据成都，自立为帝，建国号为“成家”，年号为“龙兴”，而且和刘秀称帝在同一年。这个公孙述给自己找到不少当皇帝的神秘根据，据《后汉书·公孙述传》：

> （公孙）述亦好为符命鬼神瑞应之事，妄引谶记，以为孔子作《春秋》，为赤制而断十二公，明汉至平帝十二代，历数尽也，一姓不得再受命。又引《录运法》曰：“废昌帝，立公孙。”《括地象》曰：“帝轩辕受命，公孙氏握。”《援神契》曰：“西太守，乙卯金。”谓西方太守而乙绝卯金也。五德之运，黄承赤而白继黄，金据西方为白德，而代王氏，得其正序。又自言手文有奇，及得龙兴之瑞。数移书中国，冀以感动众心。（光武）帝患之，乃与述书曰：“图谶言‘公孙’，即宣帝也。代汉者当涂高，君岂高之身邪……”

刘秀反对公孙述称帝，就用谶言“代汉者当涂高”为武器。他的意思是，取代汉室的人叫“当涂高”（《后汉书》注引《东观汉记》所载刘秀致公孙述的书信有“姓当涂，名高也”），根本不是公孙述。在刘秀看来，那就是个真实的人名，取代汉室的只能是这个人。刘秀认准了谶言说的是真名而不是隐语，自然也是要表明那个《赤伏符》指的就是他自己。后来，公孙述被刘秀派兵攻灭，事实证明了他的确不是“当涂高”。

再拣起这个话头就到了东汉末年天下大乱之时，在董卓进京之后，各地的割据势力纷纷出现，其中南阳太守袁术率先暴露野心，说谶言“代汉者当涂高”应在自己身上，他要当皇帝。史载：

> （袁术）又少见谶书，言“代汉者当涂高”，自云名字应之。又以袁氏出陈为舜后，以黄代赤，德运之次，遂有僭逆之谋。……建安二年，因河内张炯符命，遂果僭号，自称“仲家”。以九江太守为淮南尹，置公卿百官，郊祀天地。(《后汉书·袁术传》)

袁术为自己找到的神秘根据并不多，那条多年以前的谶言是最主要的。他认为自己应谶，是从字义上找出的联系，古代“涂”与“途”通，而他的名字“术”，《说文解字》即云“邑中道也”，他的字是“公路”，与名的意思相连贯。道路、路途意思一样，所以“当涂高”就该是他。而且袁术用行动来印证猜测，大着胆子把皇帝当了，但不久即败亡，应该是没猜对。

袁术当皇帝似乎别的条件都不具备，只是妄下断语，以为应谶，就急急忙忙披上了龙袍，故《后汉书》的作者为此发了一大通感慨：

> 天命符验，可得而见，未可得而言也。然大致受大福者，归于信顺乎！夫事不以顺，虽彊力广谋，不能得也。谋不可得之事，日失忠

信，变诈妄生矣。况复苟肆行之，其以欺天乎！虽假符僭称，归将安所容哉！(《后汉书·袁术传》)

嗣后于曹丕代汉时，再次祭起这个法宝。曹丕当然与袁术不同，曹氏的基业已经在曹操手里奠定，几乎难以动摇，汉献帝早就是个傀儡，只是看什么时候合适，取代他简直是易如反掌。即便如此，曹丕的谋士集团也没有忘记符瑞、图谶这一类代表天命的东西，而且有许多，但也没有忘记利用流传很久的关于“当涂高”的谶记，并发明了新的解释：

辛亥，太史丞许芝条魏代汉见谶纬于魏王曰：……《春秋汉含孳》曰：“汉以魏，魏以徵。”《春秋玉版谶》曰：“代赤者魏公子。”《春秋佐助期》曰：“汉以许昌失天下。”故白马令李云上事曰：“许昌气见于当涂高，当涂高者当昌于许。”当涂高者，魏也；象魏者，两观阙是也；当道而高大者魏。魏当代汉。今魏基昌于许，汉徵绝于许，乃今效见，如李云之言，许昌相应也。(《三国志·文帝纪》注引《献帝传》)

此处对谶语还经过一番改造，“代汉者当涂高”已是尽人皆知，再加上许昌这个地点，直指曹魏，就确凿无疑了。但此次的猜谜，不再往姓名上靠了，而是落在了国号上，说“当涂高”的谜底是“魏”。这个解释因涉及古代的建筑，需要再作一点疏通。

按许芝的说法，“魏”即“象魏”的省称，象魏则是古代建筑阙的别名，特别指双阙，即引文中的“两观阙’。阙就是修筑在大道两边的建筑物，所以和道路有直接关系，因而可以解为“当涂”；阙都很高，故可以说“当道而高大者”，至此，“魏”就是“当涂高”了。这种解释有些捕风捉影，但曹魏代汉是事实，所以以后不少人都相信这种解释。

然而那样的解释毕竟有些迂曲，不相信的也大有人在。到西晋末年又出来一个应谶之人，代表着这个不相信的人群。这个人叫王浚，“八王之乱”以后在北方拥兵自重，任大司马、侍中、大都督、督幽冀诸军事，因为中原扰攘，各地士人为避难都投奔到他的帐下，遂萌生野心，要当皇帝。史载：

> 浚以父字处道（引者按：王俊父名沈，字处道），为当涂高，应王者之谶，谋将僭号。（《晋书・王浚传》）

王浚只摆开了架势，还没来得及称帝，就被石勒所杀，梦想破灭。有趣的是王浚不是说他自己应谶，而是说他早已死去的父亲应谶，真是滑稽！他倒还是从名字上解释，回到刘秀那个时代的老路上，只是逻辑混乱，于理不通。如果他的父亲应谶，就该创业开基，称王称帝；人既死去，显见这谶语与他无关。按照王浚的思路，除非是在阴间还能应谶，再把这份福荫传给他，岂不荒唐？

再说谶语为“代汉者当涂高”，汉朝早被曹魏取代，曹魏又被司马晋取代，还要做应谶的梦，岂不是痴人一个？或者以为王浚是把魏、晋两代都看作闰统，不算正统，正经代汉的新朝还有待他来开创，这也是自说自话，无异于痴人说梦。

谜语猜了几百年，答案仍不明确，历史则遵循着自己的轨迹在一直向前发展。

与姓名有关的文化现象不止以上两类，因笔者尚未归纳，故仅能就避讳和图谶两类略作铺陈，疏误之处，请读者批评指正。

后　记

撰写这本小书，目的是要谈谈姓名的文化背景和文化内涵，为研究中国文化史做些基础工作。

如果将文化史的研究比作建筑一座宏伟的大厦，总体设计的蓝图固然重要，一砖一石也是必不可少的。我们现在的情况是蓝图多，设计方案多，具体的建筑构件却太少。眼下设计师们沉寂了一些，莫不是文化热已经消歇，就要成为明日黄花？我们认为，扎扎实实的工作正要从这里起步，“积土成山，风雨兴焉”，有了坚实的基础，就会出现真正的繁荣局面，而不是大炼钢铁式地一哄而上，又一哄而散。人们生活在文化的氛围中，还在不断地创造新文化，因此文化史的研究是永远有生命力的。

在写作过程中，体会到姓名涉及的社会历史文化竟然那样复杂，一本小册子实在难以容纳。原计划中“从文化学的角度看别号和绰号”、“与姓名有关的文化现象”两个部分，只好割舍了。即便如此，限于篇幅，大部分问题都难以深入；或者是限于笔者的学识，不能取精用宏，准确地概括其神髓，反而流于皮相。由此悟出，一砖一石的工作，也非易事。

再者，姓氏与人名历来是专家之学，本书虽然对前人的研究成果多所借用，恐怕还是有许多疏漏之处，乃至错误之处，深望学界前辈与同仁不吝指教。文化史方面的诸多问题，更是如此。

本书在写作过程中，得到好友高大伦和张懋镕的热情帮助和鼓励，谨致谢忱！

作者

1988 年夏

增订版后记

此书初版至今将近二十年，从未想到还会再版。因为这种不庄不谐又不是美文的小书，到底有没有人愿意看，殊无把握。当年是有朋友组织丛书，也有出版社愿意出，就差强人意地写了，出版以后一看，错字多得不忍卒读，如果有读者购买了，那实在是非常抱歉的。现在有了机会来改正以前的错误，对我来说是弥补缺憾的好事，也不计再作冯妇之嫌了。至于是否能有人愿意读，就没有多作考虑，只算是给自己一个交待吧。

20 世纪 80 年代写这个小册子，是趁了文化热的大潮，大家都讲文化，中国文化，西方文化，中西文化对比，等等，虽然在那次写的“后记”中也装腔作势地说了几句大话，意思是和别人讲的有点儿不一样，其实那是王婆卖瓜，如果没有别人大讲特讲，造起声势，使关心文化的人多了起来，这样的小册子怎么能出笼呢？这次当然先要感谢中国人民大学出版社的郝明慧女士，是她从如今多如恒河沙般的书籍中发现了这本小书，数次电话联系，鼓励我修订一下，再为出版，是她的美意促成了这件事。但是我妄自猜度，似乎此次出版又沾了国学热的光，如今文化消歇，国学骤热，已经出了明星学者，媒体亮相，书籍热销，一时之间谈论国学成为时尚，传统文化似与国学沾边，连带地浮出水面，亦未可知。总之，我特别感谢最近推动国学研究和普及的学者，使我得到这样的机会，得以把满篇的错字稍作改正，求得一份心安。

这次除改正错字外，原有的章节也有少量的增补，但不多，基本还保持原来的模样，尤其是现在有些认识和以前不同，也没有改动，这主要是个人缺乏与时俱进的素质之故，没有其他的考虑。说是增订版，确实在后面增加了一章，即第四章《与姓名有关的文化现象》。原计划的《从文化学的角度看别号和绰号》一章，似是另外的问题，放在姓名中不太合适，就舍弃了。如此，还是和初版有所不同。

最后，还是要请读者多多指教，书中错误和疏漏所在难免，如有是正，幸何如之！

作者

2007 年秋于山西大学寓所